U0024350

故紙眉批

——一個傳媒人的讀史心得

鄭連根　著

序

　　本書是我最近四、五年間所寫文史隨筆的一個結集。因文章內容都與歷史有關，故名之為《故紙眉批──一個傳媒人的讀史心得》。

　　我是一個傳媒人，工作之餘喜歡讀史。讀多了就思考，把思考用文字固定下來，便是這些文章。因為不是專門的歷史學者，所以我對歷史的解讀和分析就完全是個人化的，不成體系，不求建樹，充其量只是「眉批」；又因為我是一名傳媒人，對當下生活亦需時時加以關注，所以能感到現實與歷史之間的那種特殊的糾葛、錯位和張力。這樣的視角可能會使我的「眉批」或多或少地帶上現實針對性。我不知道這是好還是壞，好與不好還是交給讀者去評判吧。我真誠地期待著各種評判。

　　感謝家人、朋友對我的支持和幫助；感謝蔡登山先生、黃姣潔女士和秀威出版公司，他們高效的工作給我留下了極深的印象，是我學習的榜樣。

　　是為序。

序 i

第一輯　歷史現象的明與暗 001

第一章　訓政之路 003

第二章　跌倒在變革的路上——清末新政的啟示....019

第三章　民粹主義的悲劇之路 029

第四章　「尤金娜現象」 041

第五章　萬曆困局 045

第六章　續「花剌子模信使問題」 049

第七章　話語禁忌與思想突圍 053

第八章　「時勢造英雄」的反面 057

第九章　歷史的報復 061

第十章　歷史上的「好心辦壞事」 065

第十一章　忠奸之謎如何破解 069

第十二章　殊途同歸三詩人 075

第十三章　宋代的科舉弊端 079

第十四章　荒唐的「新生活運動」 083

第十五章　「剃髮易服令」與明末思想家 087

第十六章　「一山放過一山攔」 091

第十七章　選擇合作者的智慧 093

第十八章　一個絆子引發的血案 097

第十九章　一場沒有贏家的博弈 101

第二十章　「顛了」之後 105

第二十一章　奧德賽的智慧 109

第二十二章　滑鐵盧戰役的最大贏家 113

第二十三章　折缽山上的星條旗 117

第二輯　歷史名人的是與非 121

第一章　梁啟超割腎的啟示 123

第二章　秋瑾之墓與慈禧之死 127

第三章　袁世凱的「文存」 131

第四章　汪精衛與暗殺 135

第五章　周作人的迷失 139

第六章　逆得順守黎元洪 143

故
紙眉批
一個傳媒人的讀史心得

第七章　「易先生」小傳——丁默村其人其事......145

第八章　史迪威的「水土不服」..................151

第九章　李斯的倉鼠之悲..................155

第十章　成為絕唱的魏徵..................159

第十一章　李白的成名之路..................165

第十二章　唐僧形象的啟迪..................169

第十三章　蘇軾治水的借鑒意義..................173

第十四章　黃宗羲的思想和曹雪芹的創作........177

第十五章　馬一浮的「復性」夢想..................181

第三輯　皇帝的好與壞..................185

第一章　唐太宗的晚年之困..................187

第二章　皇帝泡溫泉的社會學意義..................191

第三章　唐德宗的罪己詔..................195

第四章　裝傻皇帝唐宣宗..................199

第五章　無能的皇帝愛哭窮..................203

第六章　皇帝翻臉為哪般..................207

第七章　朱元璋的「政治交代」.........................211

第八章　道光皇帝「偏心眼」......................... 215

第九章　遙想光緒當年............................... 219

第四輯　文化互動的中與西......................... 223

第一章　衛禮賢和他的《中國心靈》............... 225

第二章　莊士敦：走在帝國黃昏裏的老外......... 229

第三章　李約瑟的中國情緣........................... 233

第四章　帶槍傳教的狄考文........................... 237

第五章　高羅佩：癡迷於中國文化的老外......... 243

第六章　彼得‧伯駕與林則徐的疝氣............... 247

第七章　柔軟而堅硬的自由
　　　　——讀錢滿素《美國自由主義的歷史變遷》
　　　　... 253

第八章　傳教士與煙臺蘋果........................... 261

第一輯

歷史現象的明與暗

訓政之路

一

　　作家韓少功在《夜行者夢語》中寫道：「人類常常把一些事情做壞，比如把愛情做成貞節牌坊，把自由做成暴民四起，一談起社會均富就出現專吃大鍋飯的懶漢，一談起市場競爭就有財迷心竅唯利是圖的銅臭。思想的龍種總是在黑壓壓的人群中一次次地收穫現實的跳蚤。或者說，我們的現實本來太多跳蚤，卻被思想家一次次地說成龍種，讓大家覺得悅耳和體面。如果讓耶穌遙望中世紀的宗教法庭，如果讓愛因斯坦遙望廣島的廢墟，如果讓歐文、傅立葉、馬克思遙望前蘇聯的古拉格群島和中國的文革，他們大概都會覺得尷尬以及無話可說。」這話說得很對。不過，我還想加上一句：如果讓西方的憲政先賢們遙望中國的訓政之路，他們一定會覺得啼笑皆非。

　　中國現代化的過程其實就是「發現西方」的過程。無論是鴉片戰爭之後中國人對英國「船堅炮利」的認識，還是康有為、梁啟超等人對君主立憲政體的鼓吹，無論是嚴復對達爾文進化論的譯介，還是孫中山為民主共和的奔走呼號，都貫串著一條清晰的線索：把西方先進的東西引進到中國來。

　　經過諸多先賢們的努力，先是西方先進的科技引進了中國，隨後，到辛亥革命時，據說「民主共和的觀念」也「深入人心」了。其實，問題沒這麼簡單。作為「龍種」的西方憲政思想，一

遇到「中國的特殊國情」，一遭遇中國幾千年的封建專制傳統，它就變形了。

在中國，封建專制的思想常常會披上一件新的外套繼續招搖。訓政，就是憲政在中國蛻變的產物——它打著憲政的旗號，其實骨子還是專制的基因。

二

中國幾千年的封建專制制度，造就了暴君，也造就了愚民（這一點已經被中國的歷史反覆地證明過了）。暴政之下，只有愚民才能是「順民」，否則就便是「刁民」。所以，暴政和愚民堪稱一對絕世「好搭檔」。兩者的相互配合，使得中國的封建社會維繫了那麼長的時間。

在維新派試圖「改良」中國時，康有為、梁啟超等人很快發現，「改革」的阻力不但來自保守的封建官僚，還來自底層的「愚民」。這使他們認識到，對「愚民」是無法實行民主的，「愚民」根本沒有自我管理、自我發展的能力，「愚民」必須要接受「訓導」。作為思想家的梁啟超，不斷地呼籲要中國人做「國民」，這其中自然含有喚醒民眾的積極意義；但是，若考慮到梁啟超同時作為政治家的身份，這裏也就有「訓政」的味道了。

當然，康有為、梁啟超等人還沒有把「訓政」發展成一種成熟的「思想體系」。完成這一工作的，恰恰是以「民主共和」為終身奮鬥目標的孫中山先生。人們愛說，歷史是一位睿智的老人。可是我卻常常感到，歷史也像一個頑皮的孩童，他時常會搞些小小的惡作劇，讓你打也不是罵也不是。以「革命先行者」著稱的孫中山先生，以其極為堅韌和決絕的作為領導了辛亥革命，終止了清王朝，從而宣佈了封建制度在中國社會的完結。這樣的

功勳，怎樣說都該彪炳史冊。可是，就是這樣一位令人敬仰的偉人，提出了「訓政」的思想，把西方憲政這一「思想的龍種」變成了中國現實的「跳蚤」。

孫中山堅決地反對封建專制制度，義無反顧地要推翻清王朝，建立國民政府。但是他所領導的辛亥革命同樣遇到了這樣的問題：「愚民」並不理解他所領導的辛亥革命。魯迅先生在小說〈阿Q正傳〉、〈藥〉中就指出過這一點。被封建專制制度愚弄慣了的底層民眾是一群麻木的看客，是「沉默的大多數」。他們不理解民主和自由，不理解革命，也不懂得自己作為國民應有的權利。面對這樣的情形，矢志於民權目標的孫中山也深信中國民眾尚未準備好擔負起自治的責任。基於這樣的判斷，他認為國民革命有三個階段：第一個階段是軍政階段，這時的國民黨人要依靠軍事力量實現全國統一，並鞏固國民政權；第二個階段就是訓政階段，在這個階段，革命黨的任務就是要代表民眾行使國家主權；同時，要在各地訓練民眾實行自治。通過選舉縣長、召開縣代表大會和制定法律，以便使縣一級能充分實行自治，這樣民眾才能受到教育，準備進行革命的第三個階段，即民主的憲政階段。

《國民政府建國大綱》寫於「民國十三年」，即1924年。其實，訓政的思想早就在孫中山的頭腦中形成了。遲至1922年，孫中山就表述過類似的看法，他說底層民眾是「無知可憐」的幼兒，而革命黨則是保姆，並說：「我們建立民國，主權在民，這四萬萬人民就是我們的皇帝，帝民之說，由此而來。這四萬萬皇帝，一來幼稚，二來不能親政。我們革命黨既以武力掃除殘暴，拯救得皇帝於水火之中，保衛而訓育之，則民國的根基鞏固，帝民也永賴萬世無疆之休。」

孫中山的「革命階段」論及其所派生出來的「訓政之說」，其初衷或許是鑒於中國現實所採取的一種「策略」，是一種權宜之計，是為了實現民主憲政的一種手段和步驟。但是，它所隱含

著的專制傾向還是能被明眼人看出的。陳炯明就是這樣的人。他斷然不同意「訓政」之說。他說：「訓政之說，尤為失當。此屬君政時代之口吻，不圖黨人襲而用之，以臨吾民。試問政為何物？尚待於訓耶！民主政治，以人民自治為極則，人民不能自治，或不予以自治機會，專靠官僚為之代治，並且為之教訓，此種官僚政治，文告政治，中國行之數千年，而未有長足之進步。國民黨人有何法寶，以善其後耶？徒使人民不得自治機會，而大小官僚，反得藉訓政之謬說，阻礙民治之進行。」

陳炯明所傾心的，是聯省自治。「五四」運動後，一些學者認為，既然南北政府都無力統一全國，與其連年征戰，不如各省先行自治，把自己的事情辦好了，再實行聯省自治。如此便可以不通過武力而最終實現全國統一。陳炯明對聯省自治尤為心馳神往，1921年2月，他在〈建設方略〉一文中，詳細解釋了自己的政治見解：「近世以來，國家與人民之關係愈密，則政事愈繁，非如古之循吏可以寬簡為治，一切政事皆與人民有直接之利害，不可不使人民自為謀之。若事事受成於中央，與中央愈近，則與人民愈遠，不但使人民永處於被動之地位，民治未由養成，中央即有為人民謀幸福之誠意，亦未由實現也。」

陳炯明一直被說成是「軍閥」，理由自然是他炮轟總統府，叛變孫中山。但是，如果本著充分尊重歷史的態度，我們就會發現陳炯明的「閃光之處」，他對「訓政」的批判可謂一針見血，切中要害。中國百姓「愚昧」，沒文化，不懂民主，不理解政府的「良苦用心」，這些即便是中國的實情（而且還不全是），也決不能成為「訓政」的理由。民主確實需要學習，但民主更是一種實踐手段，民主經驗的獲得和民主意識的增強，需要在民主的制度下，通過公民自己自覺地參政議政來實現；憲政確實需要建設，但政府必須先提供憲政的基石和框架。憲政的理念只有在政府拿出了憲政的制度和框架之後才能更快更好地深入人心。在這一點上，包括孫中山在內的許多人都犯了一個致命的錯誤，他們

以為，中國人「愚昧」，文化水平太低，還不能實現民主，等把這些民眾教育好了，再實現民主的憲政也不遲。這樣的想法顯然是本末倒置的。民主和憲政有點像游泳，要想學會游泳，就必須親自到水裏去「撲騰」，如果怕挨淹而不敢「下水」，只在岸上聽別人講游泳的「動作要領」，那是無論如何都學不會游泳的。

不給民眾以實踐民主的機會，光把民眾當「無知可憐」的幼兒來「訓導」，那不但不能提高民智，反而會重新回到封建專制主義慣用的「愚民」的舊窠中。對於這一點，陳獨秀也有深刻的認識，1916年，他就在〈吾人之最後覺悟〉一文中說：「今之所謂共和、所謂立憲者，乃少數政黨之主張，多數國民不見有若何切身利害之感而有所取捨也……立憲政治而不出於多數國民之自覺、多數國民之自動，惟曰仰望善良政府、賢人政治，其卑屈陋劣，與奴隸之希冀主恩、小民之希冀聖君賢相施行仁政，無以異也。」

一項改革也罷，一場革命也罷，如果只是從「政府」和「領袖」的本位出發，而不是從「國民」的本位出發，只是把「國民」當作一種實現目標的手段，那麼，「多數國民」就無法從這樣的改革和革命中得到民主權利和個人自由。即便這樣的改革和革命成功了，「多數國民」被動的、配角的身份仍然不會改變，他們的命運也依然要讓少數人來掌控。正是從這個層面上，我們說，訓政表面上看起來順理成章，是憲政思想和「中國具體國情相結合」的產物，實則是中國封建專制思想的重演——只不過它此次登臺時穿上了一件憲政的外衣而已。孫中山之後，蔣介石及南京國民黨政府以實踐進一步證明：「訓政」必然會一步一步地滑向專制主義的深淵，「訓政」之樹上根本就不會結出民主憲政的果實。

1927年，國民黨實現形式上的全國統一，成立了國民政府，隨後即宣佈進入訓政時期。訓政，表面上的意思跟孫中山在《國民政府建國大綱》中提出的一樣，即由國民黨代表民眾行使管理國家的權力，「以黨治國」。這樣，國民黨全國代表大會和中央執行委員會也就擁有了最高的權力，它負責指導黨務、制定國民黨政府的大政方針和對人民進行「訓導」。這些光在紙面上講當然是很動聽的，但實際上，我們完全可以說，蔣介石實行「訓政」之日，也就是他的獨裁統治開始之時。訓政不但沒讓中國人學會民主和自由，反倒讓人們見識了什麼是專制獨裁，什麼是爭權奪利，什麼是爾虞我詐，什麼是貪污腐敗！封建社會的中國是「家天下」，至此，變成了「黨天下」，而蔣介石又是國民黨的「黨魁」，所以他也就天然具有了「訓導」人民的資格。由訓政而專制獨裁，其邏輯如此簡單。當然，現實的發展也還是有一個過程的。

訓政的矛盾之處從一開始實行就顯現了出來。口口聲聲說要教導人民學會民主的國民黨，幾乎處處都以維護「黨的利益」為藉口壓制民眾的民主要求。二十世紀二十年代中期，中國的工會因組織嚴密，在社會生活中很有「博弈能力」，可是到了1927年，這些工會的領導人被撤職，而由國民黨政權的代理人接替。工會的指導原則也不再是階級鬥爭了，它被要求要與雇主和政府合作。工會的獨立活動受到禁止，工會變成了國民黨政權的馴服工具；自1919年「五四」運動以來，學生運動一直是中國政治生活中的一個因素，但到訓政時期也受到了壓制。1930年，國民黨取締了一切非學術性的學生團體，學生被要求要專心讀書，避免參加政治活動。1931年「九一八」事變之後，日本侵略中國的意

圖日益暴露，學生的愛國熱情一次次地迸發為遊行示威等抗議活動。國民黨政府對學生的這些抗議活動，最終一概以武力回答。

國民黨政府不相信任何非政府發動和控制的政治運動，維護黨國的秩序和穩定成了它壓制民眾活動的一個最重要的藉口。與此同時，國民黨政府卻一天比一天腐敗，它的貪污腐化、派系傾軋和管理無能，僅到1930年就再也掩飾不住了。1930年5月20日的《北華捷報》發表評論說：「與十八個月前的熱情相比，今日所有中國人心中的絕望感，也許是最糟的一點。」三年後，《國聞週報》更是一針見血地指出：「民眾厭棄國民黨之心理，為不可諱言之事實。」

強大的現代國家都有一個共同的特點：相當廣泛的公眾被動員起來支持政府的政治目標。而國民黨政府反其道而行之。他們只知道控制政治局勢和社會秩序，為的是維護「黨國」的利益，而不信任民眾運動和個人的首創精神，所以它被民眾所「厭棄」並最終走向衰敗也就不足為奇了。

說到底，蔣介石及國民黨一直就面臨權力來源的問題。無論是國民黨政權裏的眾多官僚，還是作為「黨魁」的蔣介石本人，他們的權力都不是合法得來的。他們的權力可能是經過戰爭搶來的，也可能是經過行賄上司買來的，還可能是通過爾虞我詐騙來的，當然更有可能是通過「做了女婿換來的」……但是，就是沒有經過真真正正的選舉選出來的。沒有經過真正民眾選票的授權，權力的來路就是不正當的。行使來路不正的權力，類似於小偷使用偷來的器物，總不能理直氣壯。從這個意義上講，承擔訓政之責的政府和它的官僚們是心虛的。所以他們不敢相信民眾的群體活動——只要這民眾不是他們組織的，不是他們可以控制的，他們就害怕，他們就要禁止。這裏面還暗含著這樣一個思路：若不經政府組織的民眾群體活動能進行得很好，不但沒危害社會，反而大大地造福於社會，那麼，這就充分地說明了民眾有自我組織、自我管理的能力。而這正是訓政政府及其官僚們所不

願意看到的。民眾自治能力的展示恰恰瓦解了訓政的基礎——須知，民眾「愚昧」才需要訓政，既然民眾已經有足夠的自治能力，你為什麼不「還政於民」？還「訓政」個啥？這樣的提問對訓政政府來說當然是有著致命的打擊的；反過來，若未經政府組織的民眾群體活動沒搞好，鬧出了「亂子」，那也是執行訓政之職的官僚們所不願意看到的。因為這雖然證明了民眾還不足以實行憲政，但這同時也說明政府沒履行好「訓導」之職，屬於「訓政不力」，管理「不到位」，「相關人士」說不定還要承擔責任。所以，綜合權衡，不讓民眾「參政議政」，不讓民眾進行群體活動，不給民眾以表達自己利益訴求和證明自治能力的機會，便成了訓政政府及其官僚們的最佳選擇。

信任總是相互的，政府不相信它的民眾，民眾自然也就不滿意這個政府。在憲政之下，公民批評政府是天然的權利；而在訓政之下，這是不可以的。政府及其官僚們承擔著「訓導」國民之責，他們若被批評，那臉面何在？尊嚴何在？還怎麼繼續訓導下去？更重要的是，這將導致「訓導」者和被「訓導」者間「師生關係」及相應的道德優越感的置換與錯位。而這當然也是訓政政府不能容忍的。所以，壓制批評、打擊不同聲音便成了訓政政府天經地義的選擇。國民黨政府對政治上的反對者、愛搞「批評報導」的新聞記者、持不同政見的學者和思想家，一律採用收買加暗殺的手段。此外，它還通過「黨化新聞」，以「中宣部」的名義操控輿論，在極力為「黨天下」唱讚歌的同時打壓那些不肯合作的媒體和文化人，強化黨對新聞界的控制。

從1927年起，國民黨政府一方面依靠官方新聞網絡，壟斷新聞的發佈權和評論權，控制全國的輿論，「闡明黨義，宣揚國策」，另一方面還制定了許多新聞法規，鉗制人民的言論出版自由。在1929年至1934年間，國民黨制定的與新聞有關的法規有《宣傳品審查條例》、《出版法》、《出版法實施細則》、《宣傳品審查標準》、《新聞檢查標準》、《修正重要都市新聞檢查

辦法》、《指導全國廣播電臺播送節目辦法》、《圖書雜誌審查辦法》、《危害民國緊急治罪法》等。自然，這些法規多屬新聞「惡法」，專制獨裁色彩極濃。到了抗日戰爭相持階段，國民黨又制定了許多與新聞相關的法規，如《修正出版法細則》、《抗戰時期報社通訊社申請登記及變更登記暫行辦法》、《戰時新聞檢查辦法》、《修正戰時新聞禁載標準》、《修正戰時新聞檢查辦法》、《戰時新聞違檢懲罰辦法》、《修正抗戰期間圖書雜誌審查標準》、《修正戰時圖書雜誌原告審查辦法》等，1942年7月，國民黨還藉抗戰之際公佈了一個《國家總動員法》，其中規定：「政府於必要時，得對報館及通訊社之設立，報紙通訊稿及其他印刷物之記載，加以限制、停止，或命令其為一定之記載。」這樣，就利用法規進一步鉗制了新聞出版自由。

當然，國民黨還實施嚴格的書報檢查制度，隨意扣押書報。1929年，國民黨在各地設郵件檢查所，實行郵電檢查；1931年，在南京、上海、北京、天津等重要城市設立了「新聞檢查所」，1934年又專門成立了「中央宣傳委員會圖書雜誌審查委員會」；1935年又成立了中央新聞檢查處，一再強化它的出版審查制度。

按孫中山的設想，訓政是實現憲政的一個階段，可到了蔣介石及南京國民黨政府這裏，訓政就成了拒絕實行民主、拒絕給民眾以自由和權利的藉口。本來以為是通往憲政的一個路徑，現在卻成了憲政之路上的一個障礙，訓政思想就這樣走向了它當初預設目標的反面。

四

顧名思義，憲政就是用憲法來保障公民的個人權利並協調社會各階層的利益衝突。這是西方憲政的本義。可是，到了中國，

在訓政政府看來，憲法原有的人文內涵蕩然無存，而它的工具性和功利性得以突顯。憲法成了訓政者「訓導」國民、凝聚國家力量的一種工具。在西方是自由主義、個人主義產物的憲法和法律，在中國卻成了集權主義者手中的一根大棒。揮舞著訓政的大旗，高舉國家主義、民族主義的大棒，蔣介石及其南京國民黨政府一天天地走向了獨裁，走向了法西斯主義。

二十世紀三十年代，由於墨索里尼統治下的義大利和希特勒統治下的德國的力量日益增長，法西斯理論引起了蔣介石的注意，他十分讚賞納粹的組織及其活動方法。1935年，蔣介石就曾在國民黨藍衣社的一次集會上宣稱：「法西斯主義是衰退社會中的一服興奮劑」，「法西斯主義能救中國嗎？我們回答：能。法西斯主義就是現在中國最需要的東西。」在這樣的思想指導下，「蔣總統」發起了「新生活運動」。他希望通過法西斯主義來重建中國的政治、社會秩序。他甚至深情地回憶起自己在日本軍校度過的學生時代，聲稱那裏嚴格的兵營紀律大體上體現了他對中國社會的理想，而日本、義大利、德國則實現了這種理想。所以，他也要把中國引到法西斯之路上去以實現他的社會理想。他在〈新生活運動之要義〉中說：「按照法西斯主義，組織、精神和活動都須軍事化……在家庭、工廠和政府機關，每個人的活動必須和軍隊中一樣……換句話說，必須有服從、犧牲、嚴格、清潔、準確、勤奮、保密……大家在一起必須堅定地、勇敢地為團體和國家作出犧牲。」

顯然，「新生活運動」的價值指向是保守的和反動的。陳獨秀、李大釗、胡適等人發起的五四「新文化運動」之所以彪炳史冊，就在於它是一場思想解放運動，它努力把個人從中國封建傳統的桎梏中解放出來。而蔣介石及南京國民黨政府發起的「新生活運動」則是一場被把個人的精神和思想拉回到傳統、拉回到集體和政黨的束縛中去的新的「愚民」運動。陳獨秀、李大釗、魯迅等人高呼打倒孔家店，而對國民實施「訓政」的蔣介石和國民

黨政府則恢復了尊孔。在中國，尊孔向來都不是簡單地尊重教育家孔子的意思。從「領袖」和「政客」嘴裏出來的「尊孔」，潛臺詞其實是「尊我」，是要百姓無條件地放棄個人權利，做「犧牲」，以尊重「領袖」、服從組織。

訓政需要對國民進行「訓導」，而訓導就需要有「精神領袖」和「思想導師」。國民黨南京政府對全國人民實行「訓政」，那麼，作為國民黨「黨魁」的蔣介石便天然地成了全國人民的「精神領袖」和「思想導師」。「精神領袖」和「思想導師」都不是壞身份，有人想當「精神領袖」和「思想導師」也不能說就是壞事，但是，一個手握重權的現代執政黨的「黨魁」和國家領導人若再將「精神領袖」和「思想導師」的身份統統攬下，那就會有害無益。因為，「政教合一」必然導致權力的絕對膨脹，而絕對的權力必然導致絕對的腐敗。

可惜，就像饕餮之徒一樣，專制獨裁者對權力也是從來都不知道節制的。主持「訓政」的蔣介石既然發起了「新生活運動」，就說明他已經認定了自己的「聖君」地位和國民的「愚民」身份。這也就陷入「訓政」的根本悖謬之處：在特定的歷史階段，中國的民眾或許真的是「愚民」，但是不要忘了，那些自以為是「聖君」、有資格「訓導」國民的人不但不會是真的「聖君」，而且往往是「暴君」，是獨裁者。因為只有專制統治和「暴君」才會跟「愚民」配套。如果政治制度民主，國家領袖開明，政策方針得體，那麼，「民生」有保障，「民權」深入人心，國民的智力水平當然也會跟進，「愚民」和「刁民」自會大幅減少，而身心健全的公民必然成了民眾的主流。所以，總根本上講，訓政思想看似是在民眾「愚昧」的情況下不得不採取的權宜之計，可實際上，恰恰是政府的「訓政」導致了「愚民」而非「愚民」要求了政府的「訓政」。正因如此，訓政的實踐便總是要導致政治專制和領袖獨裁，而絕

對不會是國民參政議政水平的極大提高和社會民主進程的飛速發展。

訓政，是一條歧路，通過它，永遠無法抵達憲政的彼岸。

五

就像陳炯明早在1922年就對孫中山的訓政之說提出批評一樣，中國共產黨也對蔣介石及南京國民黨政府以「訓政」為藉口不給人民以自由和民主的做法提出了強烈的批判。尤其可貴的是，延安時期的中國共產黨不但在理論上指出了以訓政為由行專制之實的危害，而且還通過解放區的民主實踐證明了訓政之說的荒謬之處。

中國百姓的文化水平低，不能很好地運用選舉權，所以不能對他們實行民主，只能訓政。這是當年蔣介石及南京國民黨政府所持的論調。針對這種論調，1946年1月24日的《新華日報》發表了〈人民文化水平低，就不能實行民選嗎？〉的文章進行了批評。這篇文章寫道——

> 這是一個老問題：中國廣大人民文化水準太低，致使有些人懷疑他們是否有運用選舉權的能力；反對實行民主的人，更以此為藉口，企圖拖延民主的實行，並從而誣衊解放區的民主選舉。如去年12月26日的《和平日報》社論就可作為代表，那社論裏說：「……共產黨拿『普選』和『不記名投票』來欺騙人民。誰不知道，中國人民百分之八十連自己的名字都寫不出，他們即不能記自己的名，更不會記共產黨所指派的那一群大小官吏的名了。這樣的政府只能叫『魔術』政府，不能叫『民主政府』，共產黨人卻掩耳盜鈴，硬說『魔術』就是『民主』，簡直是對全國

人民的一種侮辱。」這種說法，不僅誣衊了解放區的人民，而且推論下去就必然得出這樣的結論：中國人民還無法運用民主選舉，還應該由他們繼續「訓政」下去。居心何在，不問可知。

假若將來中國人民個個都能識字了，實行選舉時一定便利得多，這是很明白的。現在中國人民文盲太多，進行選舉時非常麻煩，這也是事實。但是，無論如何，選舉的能否進行和能否進行得好，主要關鍵在於人民有沒有發表意見和反對他人意見的權利，在於人民能不能真正無拘無束地擁護某個人和反對某個人，至於選舉的技術問題並不是無法解決的。解放區實行民主選舉的經驗便是明證。我們略舉幾個例子，看看解放區是怎樣選舉的吧：

首先要說明，候選人決不是指派的，而是由人民提出的，在鄉選中每一個選民都可以單獨提出一個候選人。在縣選中每十個選民可以聯合提出一個候選人。選舉的方法是分成兩種：一種是識字的人，寫選票；一種是不識字的人，則以投豆子代替寫選票。這是很久以前就採用了的方法，在實踐過程中又曾有過不斷的改進和新的創造。過去的辦法是由候選人坐在曬場上，每人背後擺一個罐或碗，因事不能到會的候選人仍然給他們空出位子，位子後擺上碗，每只碗上都貼著候選人的名字，選民每人按應選出的人數發豆子數粒，於是各人便把豆子投入自己所要選的那個人碗中。在投豆子之前，先由監選人向大家說明每只碗所代表的候選人……這種方法還有缺點，那就是當每個選民投豆子時，到會的人都可以看得見，實際上成了記名投票。後來就改變方法，把碗統統放到另外一個房子裏，除監選人在選民萬一記不清楚時從旁幫助說明外，其餘的人一概不准在場。但這種方法仍有缺點，因為碗是仰著放的，哪個碗裏已有的豆子多，哪個碗裏已有的豆子少，都看得清

楚，這樣就可能使後來的投票者受先前投票者的影響，因而不自覺地失去了自主性。補救這個缺點的方法，就是用紙將每一只碗都蓋起來，而讓投票者從碗邊把豆子投進去。最近陝甘寧邊區的選舉中又創造出一種新方法，在候選人數不多（鄉的選舉中候選人一般是不會太多的）的時候，依候選人的多少，發給選民幾顆顏色不同的豆子，比如：黑豆代表張××；黃豆一顆，代表李××；玉米一顆，代表趙××。另外每個選民再發給小紙一張，如果想選誰，就把代表誰的豆子用紙包好，放在碗裏，同時包幾顆者作廢。這種方法非常適合農村文盲的無記名投票，在某些地方實行起來結果很好。

以上只是略略舉幾種方法作為例證而已，此外也還有其他的方法。這些方法的創造證明了只要有實行民主的決心，人民的文化水平低與不識字都不會變成不可克服的障礙。那些信口誣衊解放區選舉，並企圖以此來拖延民主選舉之實施的謊言，完全沒有事實根據，才真是「對全國人民的一種侮辱」哩。

　　這是一篇非常有力的文章，通過它，不僅徹底顛覆了訓政之說，而且還讓我們看到，早在半個多世紀之前，中國共產黨和國民黨之間的那場較量不僅僅是兩種武裝力量之間的較量，而且更是民主勢力與專制勢力之間的較量；共產黨和國民黨爭奪的，不僅僅是地盤和政權，更有人心的向背。要求民主、追求自由是人永恆的天性，順應這種天性的必然要贏得未來；以訓政為由壓制民主、限制言論和出版自由的，則註定要失去民心。代表民意者贏得勝利，失去民意者遭受失敗。歷史終於以蔣介石及南京國民黨政權的徹底潰敗證實了這個人們耳熟能詳的邏輯。

六

　　但是，問題並沒有結束。訓政之說並沒有因為國民黨在中國大陸的潰敗而徹底失去市場。時至今日，在推進社會主義民主政治的進程中，訓政之說的幽靈依然存在。

　　在全國關注的「三農問題」上，很多人還持有與當年的蔣介石及南京國民黨政府同樣的觀點，認為中國農民的文化素質太低，在中國農村還不能普選，不能對中國農民實行民主。針對這種論調，李昌平──這個既有過農村工作的實踐經驗又有著良知的人──在《我向總理說實話》一書中進行了針鋒相對的批駁，他說：「村民自治、海選村官在中國推行十多年了，看來已經走到了十字路口。我經常聽到這樣的聲音：農民素質低，搞不好民主；農村家族勢力太強大，搞不好民主；五元錢可以買一張選票，農民怎麼能搞民主？……我的體會是農民要民主，民主與農民的素質沒多大的關係……民主是一種需求，與素質無關；民主是解決問題的一個途徑，與素質無關；民主是一種表達方式，與素質無關；民主是一個交易過程，與素質無關。民主需要學習，民主需要培養，民主需要公平，民主需要規則。一個大學教授曾對我說：農民素質太低，搞不好民主。另一個大學教授反駁說：大學裏有什麼民主，我們選得出自己的代表嗎？不同素質的人群需要不同形式和程序的民主。農民會民主，農民有農民的民主，只要沒有強權的地方，就自然長出民主。民主只與強權、專制有關。」

　　李昌平的這段文字寫於二十一世紀初，距陳炯明和孫中山之間關於訓政之說的爭論已經隔著近八十年的時光了。也就是說，在如此漫長歲月中，訓政和憲政之間的思想博弈始終存在著，時隱時現。這除了證明中國社會的專制主義遺毒還有待進一步肅

清、訓政之說還需要進一步批判外，還能證明些什麼呢？實踐是檢驗真理的唯一標準，可是，那些已經被實踐證明了是錯誤的思想，為什麼還會有人在堅持？同樣的錯誤需要犯多少遍才會被矯正？難道中國的歷史就註定要經受幾番輪迴的苦痛？難道中國的民主進程就天然地要在「曲折中」緩慢前行？……這樣的追問顯然無法讓人樂觀。

訓政，是一條歧路，通過它，永遠無法抵達憲政的彼岸。但是，依然有人在這條路上走著。也許，他們並不知道這一點；也許他們早已知道這一點，可是他們不在乎，因為他們的目標本來就不是通向民主憲政的──他們想要的恰恰就是專制與獨裁。

第二章

跌倒在變革的路上

──清末新政的啟示

　　清朝是中國最後一個封建王朝，它的終結方式跟別的朝代不一樣。其他王朝多是被農民起義推翻的，而清朝不是。太平天國運動是晚清規模最大的農民起義，可是它並沒有推翻清朝，相反，清朝在鎮壓了太平天國運動之後又延續了三十多年，最後被辛亥革命推翻；別的王朝被推翻後，新王朝取而代之，皇帝易姓，江山易主，中國歷史會進入另一個輪迴，而清朝被推翻後，封建帝制被徹底終結，民主共和的觀念逐步深入人心。以上兩條之外，清朝的解體還有一處更讓人感慨的地方：與其他王朝末期的「僵化至死」不同，大清的政權分明是在變革的路上被拋棄的。在被推翻之前的十年間，這個政權也曾順應時代潮流，宣佈實行「新政」，推出種種改革舉措。可是，就在改革之路走到中途的時候，這個政權竟然一下子被推翻了！這究竟是為什麼？改革本是以自強為目標的，為什麼最後竟敲響了政權解體的喪鐘？主觀期許和現實收穫之間何以會有如此巨大的誤差？……這些問題顯然值得我們認真探究，深入思考。

一

　　清末新政顯然是在內外交織的壓力之下開始的。1898年，康有為、梁啟超等人倡導戊戌變法，康梁的改革主張頗合光緒皇帝的心意，可是卻遭到了慈禧太后的強烈反對，結果變法以譚嗣同

等「戊戌六君子」喋血京城而告終。可是，形勢比人強，1900年八國聯軍侵略了北京，慈禧太后和光緒皇帝一起逃亡西安。在強烈的刺激之下，大清的高級官員認識到，大清帝國若要強大，就必須進行改革。不改革就不能自強，不自強就無以抵禦外辱。所以，京城和地方的高級官員在1900年底紛紛上書，陳述他們對行政、軍事、教育、財政等各方面的改革意見。1901年1月29日，慈禧太后以光緒皇帝的名義下詔變法，聲稱三綱五常雖為萬世不易之理，但政府的統治方法則應順應時代潮流，進行必要的改革。由此，為期十年的清末新政揭開了序幕。

清末新政的改革內容十分廣泛，涉及了政治、經濟、教育、軍事、法律等各個方面，我們不妨做一下簡略回顧——

在教育方面，清朝於1901年廢除了八股文，於1904年制定了一套模仿日本的學堂管理規章，最後於1905年廢除了在中國實行了一千三百多年的科舉制度。與此同時，清朝還鼓勵創辦新式學堂，派遣中國學生出國留學。

政治上，清朝開始進行立憲的準備工作，於1905年派遣以載澤為首的五位大臣出洋，到日本、英國、美國、德國和法國考察立憲政治。1908年，清朝宣佈實行憲政的計畫，聲明將在1916年頒佈憲法，舉行第一次國會選舉。同時還發佈了「憲法大綱」，這個「憲法大綱」是以明治維新時期的日本憲法為範本的。1911年，清朝成立了一個所謂的「責任內閣」，這就是後來遭人詬病的「皇族內閣」。

在軍事上，清朝開始改革兵制，著手訓練新軍。新軍被編為三十六鎮，每鎮一萬兩千五百人。為了培養軍事人才，清朝決定在全國各地建立武備學堂，同時還派人到日本士官學校學習軍事。

在法律方面，清廷設立專門機構，由法學家沈家本主持，檢查《大清刑律》，廢除了剮刑、梟首、紋面等酷刑。此外，還

完成了《欽定大清商律》、《獎勵公司章程》、《破產律》等法律，對近代經濟的發展起到了推動作用。

此外，清末改革還帶動了民間結社、辦報等新社會現象的出現。知識份子參政、議政的管道得以拓展，諮議局、資政院、自治會等反映民意的機構開始出現，政府和民眾互動的格局初步形成。

總而言之，為期十年的清末新政確實在很多方面取得了一定的成效，甚至還可以說，新政已經為原本奄奄一息的大清增加了幾分活力。可是，這場改革從一開始就存在著致命的體制缺欠，所以，它非但不能挽救大清帝國覆亡的命運，反而在一定程度上加速了大清政權的崩潰。這一點，著實耐人尋味，有必要做仔細的分析。

二

概括地說，清末新政是一場自上而下的改革。清朝最初的想法是：通過實行新政，一步一步地達到富國強兵的目的，這樣，不僅可以抵禦「外辱」，而且還能加強清廷貴族的威權統治。這個構想當然是不錯的，可是，世事難料，設想和現實效果之間往往會出現巨大的反差。清末新政正是這樣。

在人心思變的時代，清廷有能力發動一場社會改革事業，但是，這個日薄西山的王朝已經沒有能力控制這場改革了。換一句話說，清末新政最初雖然是朝廷發動起來的，可它後來的發展軌跡卻超出了朝廷的設想。這一點看似難於理解，其實並不複雜。一場整體性的社會變革，它本身往往是有發展規律的，而這種規律並不以發動者的主觀期許為轉移。

以新政中派遣留學生一事為例。在新政時期，清廷一面在國內創辦新式學堂，一面派遣大批學生出國留學。在派遣的留學生

中，去日本留學的人數最多。據記載，光緒二十七年（西元1901年），清朝派往日本的留學生僅兩百八十人，等到了光緒三十一年（西元1905年），留日學生就已經達到了八千人。為什麼要大規模地派學生去日本而不是別國？對此，張之洞的論述很有代表性：「至遊學之國，西洋不如東洋：一路近省費，可多遣；一去華近易考察；一東文近於中文，易通曉；一西書甚繁，凡西學不切要考，東人已刪節而酌改之，中、東情勢風俗相近，易仿行，事半功倍，無過於此。若自欲求精求備，再赴西洋，有何不可？」應該說，張之洞的主張既表達了中國人要學習西方先進文化的迫切感，又考慮到了派遣學生留學日本的諸多具體方便——「同文、同種、省費」。對最初派遣的留學生，張之洞給他們的臨別贈言是：「將來學成歸國，代國家效力，戴紅頂，做大官，可操券而獲！生等其勉之！」由此可見，清朝對留學生是抱有厚望的——期待著他們學成歸來，「戴紅頂，做大官」，做大清王朝合格的管理人才。

可是，事情的發展根本就不按照以張之洞為代表的朝廷大員們的設想進行。中國學生到了日本之後，眼界大開，很快就接受了新的思想洗禮。同時，對照日本，他們愈加發現祖國的落後，產生了強烈的改造國家的願望。他們翻譯書籍，創辦雜誌，用學到的先進思想啟蒙國民。可是，大清朝缺乏足夠的胸襟，它不願意看到留日學生鼓吹「憲政、民主」等新思想，對留日學生進行嚴密的監控、防範和鎮壓。這些做法不但沒有收到預期的效果（留學生在國外，控制起來畢竟不如在國內方便），反而激化了留日學生與清廷之間的矛盾，促使留日學生幾乎一致地傾向了革命，成了後來推翻清朝的重要力量。

更關鍵的是，留學生的新思想在國內得到了回應。1905年4月，湖南籍留學生黃尊三等一行六十人抵達武昌，他們要在這裏拜別張之洞，然後啟程赴日留學。作為地方大員，張之洞要求學生們對他行跪拜之禮。這一要求遭到了學生們的拒絕。張之洞

感到「很沒面子」，就下令對留學生「不放行」，試圖以此收到壓服之效。期間，湖南巡撫端方與張之洞反覆磋商，端方致電威脅學生：如敢對張之洞不敬，將取消其留學資格。學生們異常憤慨，表示寧肯不去留學，也不能犧牲人格尊嚴。雙方僵持，致使學生在武昌滯留了十天之久。後經多方斡旋，雙方接受了鞠躬之禮。接見之後，張之洞雖然以西餐宴請學生，但大家並不領情。針對此事，黃尊三在留學日記中寫道：「中國大官，只顧一己虛榮，不知尊重他人人格，實屬可鄙。以自命好士之張香濤，尚不免此辱人之行，他更無論，思至此又未免可慨。」這批學生日後不但沒有回國「戴紅頂，做大官」，反而加入了同盟會，成了「革命黨」，回國後幹的正是推翻大清王朝的偉大事業。

張之洞與晚清留學生之間的互動關係非常耐人尋味。張之洞是促成中國學生去日本留學的一位重要的大員，按張之洞的理解，留日學生對他這位老前輩心存感激那是天經地義的事。以張之洞為代表的清朝官員的心態是：希望「學」成為「官」的傳聲筒和應聲蟲，成為沒有頭腦、不會獨立思考、只會喊「喳」和「萬歲」的奴才。可是，晚清的留日學生不這麼想，在他們眼裏，人格尊嚴比什麼都重要。高貴的頭顱和獨立的思考是「學人」的安身立命之本，舍此，學者便不再是學者，只能是奴才！奴才靠跪拜「主子」而獲得賞賜，而學者靠獨立的思考和豐厚的學養贏得人們的尊重。這是有著本質的差別的。清廷希望通過新式教育培養出有著高超本領的忠臣孝子，可實際上，新式教育培養出來的人絕大部分成了清廷的貳臣逆子。

軍事改革也引發了與教育相似的效應。經過甲午戰敗和八國聯軍侵略北京兩件大事的刺激，清廷已經清醒地認識到組建新式軍隊的重要性。由此，朝廷命令各省改革兵制，取消舊式「武舉」，創建新式的武備學堂，組建擁有西方武器裝備和受過西式軍事訓練軍隊。這個想法本身是不錯的，可是對清朝來說卻隱藏著致命的危機。要訓練新軍，新式軍官就必須有相當的學識（這

才能保證他們使用現代化的武器裝備，接受先進的軍事思想），為此，清廷派遣一批人到日本學軍事，可是，這批人在日本學軍事的同時也接受了先進的思想，不再「忠君」了。結果，當辛亥革命發生時，原來屬於清朝的新軍大部分倒戈，站到了革命的一邊。從這個意義上講，清末新政也可算為自己培養了「掘墓人」。

三

　　清末新政之所以失控、為大清王朝培養「掘墓人」，其根本原因就在於專制體制的弊端。晚清的統治階層在總體上是沒落的清廷皇族及腐敗的官僚利益集團，這些人是專制政體的既得利益者。迫於內外的壓力，他們不得不發動清末新政，試圖通過改革來緩和社會矛盾，借增強國家實力之機來加強自己的威權，擴張自己的勢力。所以，這些人發動改革的主要目的並不是為了「富國強兵」，使中華民族崛起於世界的東方，而是為了保住大清王朝，保住甚至擴大皇族和封建官僚集團的權勢。正因如此，清末新政從啟動的那一天開始就充滿了矛盾，使得很多好的改革舉措無法實施。

　　比如，清末新政廢除了科舉考試，提倡舉辦新式教育，這本來是一件好事。可是，1904年頒佈的《奏定學堂章程》依然要求培養「忠君」、「尊崇孔教，愛戴大清」的「子民」，忠君教育始終是清廷不肯放棄的一條底線。

　　再比如，資政院和諮議局的創設本是為了廣開言路，為憲政做準備工作，可是，清廷卻愈加嚴格地控制人們的言論。當清朝宣佈接受立憲思想的時候，作為回應，中國的知識界要求召開國會。梁啟超還在日本東京組織政聞社，促進憲政運動。按說，這是一種正常的互動，但清廷卻對此十分害怕，警告人們不要議論政治，「紳商不得干預立憲」，甚至要求人們不得公開發表演

說，同時指出，主權仍然屬於皇帝，決策權仍然在朝廷。冠冕堂皇的說法是「庶政公諸輿論，而實行庶政，裁決輿論，仍自朝廷主之」。由此可見，儘管是在改革時代，專制政體依然懼怕民意，懼怕輿論。而所謂的「公諸輿論」，不過是裝裝樣子罷了，一旦人們真的行使「參政議政」的權利，專制政府就會立即露出真實的醜惡嘴臉，打壓言論自由。

在「立憲」這個問題上不尊重民意，剩下的一條路就是既得利益集團悶著頭自己搞。殊不知，沒有輿論的推動，統治階級內部的政體改革就缺少了必要的壓力，所以就動作緩慢，1905年派大臣出洋考察立憲政治，結果到了1911年才成立一個所謂的「責任內閣」，而這個內閣便是臭名昭著的「皇族內閣」，它的十三名內閣成員中，漢人只有四名，滿人卻有八名，而這八名滿人中，皇族又有五人。也就是說，這個內閣成員絕大部分是滿人，而滿人中又以皇族為主。至此，清廷進行政治體制改革的本意暴露無遺：他們根本無意實行君主立憲，不過是在借「立憲」之名集權於皇族。政治體制改革的精髓就是「分權」，可是，清末新政中的政治改革非但不「分權」，反而借改革之名行集權之實。這樣的改革，怎能不遭唾棄？不改革不行，改革得太慢也不行，打著改革的旗號騙人更不行。腐朽的晚清皇族可能至死都不明白這個淺顯的道理，深刻理解這番道理的任務就落到了今人的身上。

清廷不僅在政治上和思想上擠壓人們參與改革的空間，而且還在經濟上剝奪民眾分享改革成果的權利。改革需要大量的資金，可是，清廷在宣佈實行新政時並沒有足夠的啟動資金。它籌集資金的辦法就是榨取──以強制捐獻和額外稅收等名目榨取公眾的錢物。這樣，改革的「陣痛」大部分由老百姓承擔了。許多百姓因此流離失所，成了遊民，這些遊民最後成了辛亥革命的一支重要力量。最能說明這個問題的要數保路運動。1911年5月，清廷以「鐵路國有」為名，將已歸民間所有的川漢、粵漢鐵路築路權收歸「國有」，然後又出賣給英、法、德、美四國銀行團。

此種公然侵害民眾權益之事自然激起了人民的強烈反抗，於是四川、湖南、湖北、廣東等省掀起了轟轟烈烈的保路運動。運動在四川省尤其激烈，四川省諮議局議長蒲殿俊在與清廷交涉無果的情況下，領導成立了保路同志會，團結廣大民眾，對清廷施加壓力。他們巧妙地把經濟目的和政治權利聯繫在一起，要求清廷遵守當初的許諾。在1901年的新政詔書中，光緒皇帝明確表示「鐵路准歸商辦」，可是現在，清廷竟然又說鐵路必須「國有」了，這等於剝奪了民間資本投資鐵路的權利。當年的新政詔書還宣稱「庶政公諸輿論」，可現在，民眾的輿論明明要求清廷收回不合理的命令，可清廷就是不接受。保路同志會在成都設祭壇，焚香祭奠光緒皇帝，以此來給清廷施加政治和道德壓力。可是，清廷依然置民眾的合理要求於不顧，拒絕與保路同志會協商解決。清廷的粗暴做法導致衝突升級，保路同志會於1911年9月1日做出了抗稅的決定，而清廷則下令鎮壓保路運動。9月7日，四川總督趙爾豐逮捕了蒲殿俊等九名保路同志會會員，還槍殺了數百名請願群眾。第二天又下令解散各處保路同志會。這激起了人民更大的憤怒，同盟會的龍鳴劍、王天傑等人藉機掀起了武裝暴動，四川局勢由此不可收拾，這時清廷才答應給鐵路投資者以足額賠償，但為時已晚。起義活動四處蔓延，當局根本無法控制。清廷只能從湖北調軍隊前往四川鎮壓起義，結果恰在此時，湖北又爆發了武昌起義，大清朝由此轟然坍塌。

不許民眾參與改革過程，不願意讓民眾分享改革成果，改革最終就會成為既得利益集團的一場分贓。清末新政就是對這一點的最好詮釋。實際上，無論是訓練新兵還是創辦工礦企業，無論是修建鐵路還是鑄造錢幣，參與清末新政的官員全都中飽私囊，藉機腐敗。在新政時期，清廷的高級官僚和商人聯合，創辦了一批新式資本主義企業，可是，官員插手企業的結果是，搞得中國的企業產權混亂，官商不分，腐敗叢生。對此，《劍橋中國晚清史》一書作了精彩的分析：「中國官僚是從來不把國家利益和個

人利益分得一清二楚的，他們的態度多半取決於這項事業經營的結果。如果經營失敗，他們就把自己的失敗轉嫁給其他股東，而不是自己去償還貸款；如果有紅利可分（在1900～1911年間經常分紅），官僚們總是認為他們投了資，利潤都應歸自己。最後，甚至在經營方面，由於官僚們越來越多地親自插手而不是託給商人管理，官方企業就更像私人企業了。」

當然，從物質層面上看，新政也取得了一定的成就，吸引很多有作為的漢族大員——如張之洞、袁世凱等——參與其中，似乎給晚清帶來一些起死回生的跡象。但我們必須明白，他們之所以熱心於新政，並不是因為他們熱愛清朝，忠於皇帝，而是因為他們要保住並擴張自己的權勢。他們深知：如果沒有清朝，他們的權力會化為烏有。他們甚至也知道，大清早已千瘡百孔，即便實行新政，也拖延不了太多的時日。他們所要做的，並不是挽救大清（大清已經不值得挽救），也不是拯救百姓蒼生（他們沒有這麼高尚的情懷），而僅僅是趁著大清完蛋之前大撈一把，盡可能地為自己日後的發展積累資本。終於，辛亥革命來了，像袁世凱這樣的清廷大員，他所做的不是設法挽救大清，更不是為大清殉國，而是促使這個王朝盡快解體，並以此作為自己日後發達的跳板。

由此可見，一項新政也罷，一場改革也罷，如果只從「朝廷」（政府）的本位出發，而不是從「民眾」的本位出發，只把「民眾」當作改革陣痛的承擔者，把廣大百姓當作「招之即來，揮之即去」的背景音樂和陪襯道具，那麼，這樣的改革即便規模再大，也難逃失敗的命運。

四

平心而論，與1898年殺害「戊戌六君子」的屠刀相比，1901年宣佈實行改革的新政詔書顯然可以給人們樂觀的期待。事實

上，清末新政所實施的改革舉措，在很大程度上繼承了康梁維新變法的衣缽，表明大清王朝正試圖將中國引向現代化的道路。可是，恰恰在變革的過程中，大清帝國轟然坍塌。清末的這段歷史很容易讓人想起法國歷史學家托克維爾的一段論述，他在《舊制度與大革命》一書中寫道——

> 革命的發生並非總因為人們的處境越來越壞。最經常的情況是，一向毫無怨言仿佛若無其事地忍受著最難以忍受的法律的人民，一旦法律的壓力減輕，他們就將它猛力拋棄。被革命摧毀的政權幾乎總是比它前面的那個政權更好。經驗告訴我們，對於一個壞政府來說，最危險的時刻通常就是它開始改革的時刻。……人們耐心忍受著苦難，以為這是不可避免的，但一旦有人出主意想消除苦難時，它就變得無法忍受了。當時，被消除的所有流弊似乎更容易使人覺察到尚有其他流弊存在，於是人們的情緒便更激烈：痛苦已經減輕，但是感覺卻更加敏銳。封建制度在盛期並不比行將滅亡時更激起法國人心中的仇恨。路易十六最輕微的專橫舉動似乎都比路易十四整個專制制度更難以忍受，博馬舍的短期監禁比路易十四時期龍騎兵對新教的迫害在巴黎引起更大的民情激憤。

我覺得，這段話不僅可以解釋路易十六時代的法國，而且還可以移到中國，為我們更深入地解讀清末新政的失敗提供很好的理論視角。「對於一個壞政府來說，最危險的時刻通常就是它開始改革的時刻。」腐敗的晚清是一個壞政府，而它又恰恰跌倒在變革的路上。可見，歷史往往會用不同國度的史實來揭示相同的規律，而這些規律，又足以給人以超越時空的聯想和啟迪。

第三章

民粹主義的悲劇之路

一

沒有人能否認，中俄兩個東方大國之間存在著千絲萬縷的聯繫，這種聯繫不僅包括著山水相連的漫長國界線，還包括著思想文化上的巨大影響和滲透。最明顯的例證便是：「十月革命一聲炮響，為中國送來了馬克思主義。」其實，何止是馬克思主義，在「以俄為師」的歲月裏，俄國的虛無主義、無政府主義和民粹主義都曾吸引過中國人關切的目光。其中，民粹主義對中國知識份子的思想性格和悲劇命運有著邏輯上的致命影響。

俄國的民粹主義（Populism）萌芽於十九世紀五十年代，興盛於七十年代。當時，沙皇俄國已經腐朽不堪，俄國知識份子開始為自己的國家尋找出路。在這個問題上，西方派和斯拉夫派有著不同的看法。西方派認為，俄羅斯應該走西歐的發展道路。而以赫爾岑、別林斯基為代表的斯拉夫派則認為，俄國有「自己特殊的國情」，完全不必走西歐資本主義的道路。俄羅斯只要能公平地分配土地，就能在村社的基礎上建成社會主義。民粹主義知識份子繼承了赫爾岑、別林斯基等人的「農民革命」理論，並試圖把這些思想落實到實踐行動之中。他們認為，只有俄羅斯可以、也應該給予人類新的文化內涵，給世界帶來正確性的創造。為此，斯拉夫派強調俄羅斯民眾的力量，把民眾作為所有政治運

動和政治制度合法性的最終來源，並主張依靠平民大眾對社會進行改革，由此形成了民粹主義基本的價值觀。

對此，俄羅斯思想家別爾嘉耶夫說：「民粹主義是俄羅斯的特殊現象……斯拉夫主義者、赫爾岑、陀思妥耶夫斯基和七十年代的革命者都是民粹主義者。把人民看作真理的支柱，這種信念一直是民粹主義的基礎。」「全部的俄國民粹主義都起源於憐憫與同情。在七十年代，懺悔的貴族放棄了自己的特權，走到人民中間，為他們服務，並與他們匯合在一起。」「民粹派知識份子深入到人民中去，是為了和他們打成一片，教育他們，改善他們的經濟地位。」可以說，民粹主義在初期是帶有啟蒙色彩的，他們走到民眾（主要是農民）中間，是出於「憐憫與同情」，是為了「教育他們，改善他們的經濟地位」。

但是，在走向民間的過程中，民粹主義知識份子把俄國的農業村社組織和農民大眾理想化，同時，出於一種原罪意識，他們貶低自身、貶低文化，帶有強烈的懺悔心態。原罪意識本身是一種反省能力，是一種高尚人格的體現，這不但沒有過錯，而且還有積極的社會意義。但是，這種懺悔和自責必須要有一個人格和精神獨立的限度，超越了這個限度，就會走向反面。把廣大民眾理想化，認為大眾代表著一種高尚的道德，這本身就帶有空想色彩。以想像判斷代替事實判斷，這顯然是錯誤的。民粹主義知識份子在他們的宣傳提綱中說：「革命者應當徹底放下他們的貴族架子，永遠變成一個農民、一個工廠工人……」他們甚至還極端地說：「如果有人提出同民眾結合的要求，那麼任何一個不穿粗呢外衣的人都會被認為是壞蛋。」深受民粹主義影響的文學家托爾斯泰說：「如果資產者和貴族希望得救，那就讓他們變成農民吧，因為惟有這樣才有真正的意義；正義在於農民不剝削任何人，不危害任何人的生命，他們親手給自己蓋房屋、親手做鞋子、親手縫衣服、親手養活自己。」巴枯寧在〈告俄國青年兄弟的幾句話〉中說：「不要在科學上煞費苦心了，人們想以科學的

名義把你們束縛起來，使你們失去力量。同這個世界相聯繫、作為這個世界的表現的科學，註定要滅亡。」克魯泡特金說：「我們否認社會的最有益的進步運動是通過那些受教育比社會中其他人多得多的少數人的發展來完成的，我們絕不希望用社會的經費來培養這少數人；因此，我們既不需要大學也不需要學院，因為大學和學院都是用社會經費來維持的，除非社會每個成員無一例外地都能進入大學和學院……」

　　民粹主義更致命的誤區在於，在極力自我貶低和極力美化大眾的情況下，知識份子根本無法擔負起啟蒙大眾、教育農民、批判社會的人文使命。在當時的俄國，民粹主義知識份子明明是思想先知，他們不缺乏知識，也不缺乏可貴的獻身精神，可是他們卻一直沒有教育農民大眾的道德底氣，沒有那種傳播知識、啟蒙民眾所需要的捨我其誰的勇氣和氣概。

二

　　為什麼底氣不足、缺乏勇氣和氣概？原因就是這些知識份子的「出身」有問題。在當時，俄羅斯知識份子絕大多數都出身於貴族，貴族和農民大眾分屬兩個「階級」，前者剝削後者。可以說，一些貴族子弟之所以能成為知識份子，在很大的程度上也是建立在對農民大眾進行剝削的基礎之上的。這就使得良心發現的民粹主義知識份子愈加有了「原罪意識」，他們認為，自己的貴族出身是一種「罪」，以貴族的特權獲取知識也是一種「罪」，最後，甚至知識本身也成了一種「罪」──至少是一種有罪的證明。所以，他們要貶低自身、貶低文化，以便盡快、徹底地走向民眾，以實現「救贖」。別爾嘉耶夫評論民粹主義知識份子時說：「如果我（指民粹主義者）是一個貴族、商人、學者、作家、工程師、醫生，我就不能感到自己是『人民』的一部分，我

只能把人民看作一支神秘的異己力量。他們是更高的真理承擔者，我必須跪在他們面前。」這樣的評論確實說透了民粹主義知識份子的軟弱性格。

由「出身」不好造成了底氣不足，由底氣不足造成了性格軟弱，性格軟弱就註定要尋找依附力量。民粹主義者依靠的對象自然就是農民大眾，他們極力地謳歌勞苦大眾，一方面是在彌補「罪過」，一方面也是在尋找未來的依靠。他們認為，罪惡的沙皇統治註定要終結，腐朽的貴族必將沒落，只有農民大眾才是未來俄羅斯的主人，他們要使自己迅速地融入到人民之中。為此，他們不惜放棄貴族身份，放棄優雅、舒服甚至是奢華的貴族生活，甚至不惜獻出自己的財產和生命。他們的這種奉獻精神是真誠的，可貴的，他們要融入民眾之中、成為「人民」一員的心態也是可以理解的。問題是，當獻身到了失去自我的時候，所謂的人民往往也就成了一個抽象的概念。用放棄個人權利和尊嚴的方式去換取「人民」的接納，以實現身份的轉換，這顯然是一條歧路。

民粹主義者謳歌「人民」，崇拜「人民」，但他們謳歌和崇拜的是作為一個抽象概念的「人民」，對組成「人民」的一個個具體的「人」，他們卻持一種極為蔑視的態度；他們反對權威，卻容不得不同意見，甚至容不得「旁觀者」。民粹主義者當年有句名言：「誰不和我們在一起，誰就是反對我們；誰反對我們，誰就是我們的敵人；而對敵人就應該用一切手段加以消滅。」這樣極端的邏輯對中國人來說一點都不陌生，經歷過文革的人們對這一套耳熟能詳。

對於民粹主義的危險性，當年的俄羅斯知識份子是有所察覺的。十九世紀七十年代，俄羅斯左派知識份子的精神領袖米海依洛夫斯基就拒絕以人民和社會正義來爭取自由。他寫道：「對於『一般的人』來說，對於品嘗了一般人類之樹的果實，從而能夠識別善惡的人來說，沒有什麼比政治自由、良心自由、言論

自由、出版自由、思想交流自由等更為誘人的了。當然，我們是期望這些自由的。」米海依洛夫斯基沒有崇拜人民的心理，他是知識份子的代表，他認為自己有義務為「人民的利益」工作，但沒有義務聽取「人民」的意見。他完全沒有努力使自己平民化。他把榮譽的工作和良心的工作加以區分，前者是勞動人民所從事的，應發揚光大；後者應當是享受特權的、受過教育的階級所特有的。良心的工作是對社會罪惡的懺悔。可惜的是，米海依洛夫斯基的聲音當時沒有引起人們足夠的注意。

從十九世紀七十年代起，民粹派發起了聲勢浩大的「到民間去」運動，熱情的知識份子深入俄國各地農村，試圖以通俗的語言鼓動農民革命。但是，民粹主義者忘我的犧牲精神和革命苦難氣概並沒有喚起他們認為「天生就是社會主義者」的農民的回應，廣大農民不理解他們，甚至視他們為國家的敵人。在「到民間去」的運動失敗後，一些知識份子慷慨激昂地走上了無政府主義和恐怖主義的道路。具有極端革命色彩的「土地和自由社」、「民意黨」成立了，民粹主義者策劃了一次次暗殺沙皇及其大臣的行動。民粹主義烏托邦式的政治理想、試圖「畢其功於一役」的想法、極端個人英雄主義的鬥爭方式使他們愈加脫離人民。民粹主義者在理論上的錯誤導致了實踐上的失敗，追隨他們的無數青年無謂地死在沙皇的屠刀下，其中就包括列寧的哥哥。至十九世紀八十年代，轟轟烈烈的民粹主義運動在俄國以失敗而告終。

三

「十月革命一聲炮響，給中國送來了馬克思主義。」馬克思主義從俄國傳入中國後，中國共產黨人沒有清楚地注意到共產主義學說與民粹主義思想之間的差異。他們常常將共產主義與民粹主義揉在一起，對共產主義做出了具有民粹主義色彩的解釋。李

大釗早期的社會主義思想就具有鮮明的民粹主義傾向。他所傾心的俄羅斯革命思想，是一個由社會主義、人道主義、互助主義和民粹主義所構成的思想世界。〈青年與農村〉是李大釗民粹主義思想的代表作，文中寫道——

> 我們青年應該到農村去，拿出當年俄羅斯青年在俄羅斯農村宣傳運動的精神，來做些開發農村的事，是萬不容緩的。我們中國是一個農國，大多數的勞工階級就是那些農民。他們若是不解放，就是我們國民全體不解放；他們的苦痛，就是我們國民全體的苦痛；他們的愚暗，就是我們國民全體的愚暗；他們生活的利病，就是我們政治全體的利病。
>
> ……
>
> 在都市裡漂泊的青年朋友們啊！你們要曉得：都市上有許多罪惡，鄉村裏有許多幸福；都市的生活黑暗一方面多，鄉村的社會光明一方面多；都市上的生活幾乎是鬼的生活，鄉村中的活動，全是人的活動；都市的空氣污濁，鄉村的空氣清潔。你們為何不趕緊收拾行裝，清還旅債，歸還你們的鄉土？
>
> ……
>
> 青年啊，走向農村去吧！日出而作，日入而息，耕田而食，鑿井而飲。那些終年在田裏工作的父老婦孺，都是你們的同心伴侶，那炊煙鋤影雞犬相聞的境界，才是你們安身立命的地方啊！

青年毛澤東也曾經熱烈嚮往過「半工半讀」的生活，他在給蔡和森的信中曾說：「現覺專用腦力的工作很苦，想學一宗用體力的工作，如打襪子、製麵包之類」。他曾經利用假期時間步行考察過農村。投身革命以後，他在〈湖南農民運動考察報告〉中就熱情謳歌了那些革命的「痞子」，認為「他們最聽共產

黨的領導」，是「打倒封建勢力的先鋒，成就那多年未曾成就的革命大業的元動。」「他們的革命大方向始終沒有錯。」1939年「五四」運動二十周年前夕，毛澤東發表了〈五四運動〉的紀念文章，指出：「在中國的民主革命運動中，知識份子是首先覺悟的成分。」「然而知識份子如果不和工農民眾相結合，則將一事無成。革命的或不革命的或反革命的知識份子的最後的分界，看其是否願意並且實行和工農民眾相結合。」後來他又多次闡明了這一觀點。〈在延安文藝座談會上的講話〉中，毛澤東更是以經典化的語言，完成了對這個問題的最後闡述——

> 拿未曾改造的知識份子和工人農民相比較，就覺得知識份子不乾淨了，最乾淨的還是工人農民，儘管他們手是黑的，腳上有牛屎，還是比資產階級和小資產階級知識份子都乾淨。這就叫思想感情起了變化，從一個階級到另一個階級。我們知識份子出身的文藝工作者，要使自己的作品為群眾所歡迎，就得把自己的思想感情來一個變化，來一番改造。

這就是著名的知識份子「思想感情改造」論，至此，政黨權力的介入使知識份子的精英意識喪失殆盡。中國知識份子由最初的思想啟蒙者變成了「得把自己的思想感情來一個變化，來一番改造思想」的人，當年是知識份子領導工農幹革命，現在則要求知識份子「工農化」，因為「卑賤者最聰明，高貴者最愚蠢」。

既然要知識份子要向工農兵學習，知識份子原有的那些非工農兵的氣質——包括優雅的舉止、多愁善感的性格、豐富多彩的個性、細膩精緻的審美情趣——就都顯得與時代格格不入了。工農兵哪能這麼「小資」？工農兵怎麼能向「小資」學習？剩下的，就只有知識份子向勞苦大眾靠攏了。於是，簡單、通俗、樸素、粗獷直至粗糙、粗鄙成了「時尚」，「我是個大老粗」反

倒成了一個炫耀語。至此,民粹主義者抬高民眾的目的終於達到了,只是,民眾的素質並沒有真的提高——他們看上去很高,是因為知識份子在跪著。

知識份子跪倒了,他們日後的一切悲劇命運也就順理成章地發生了。跪倒的人所能做的事只有兩件:歌頌與懺悔。他們一遍又一遍地歌頌黨、歌頌政府、歌頌領袖和英雄,到最後,文藝作品成了領袖思想的注釋和政策的傳聲筒,知識份子本身也就成了被抽走靈魂的創造機器。因為不是工農兵,他們需要懺悔,為此,他們逆來順受,甘做革命的「馴服工具」,老老實實地進行思想改造以加強自身修養,可是他們還是中了「陽謀」,成了「右派」,先是走進五七幹校,接著是在文革中成了「臭老九」,被戴高帽,被揪鬥,被遊街。至此,民粹主義在「反智」的道路上走到了極致。知識份子成了罪人,知識本身成了一種罪過——「知識越多越反動」嘛!

四

民粹主義從十九世紀五十年代在俄國萌芽,到二十世紀六十年代在中國的極端化實踐,其間經歷過若干階段,發生過若干悲劇性轉換。分析民粹主義的幾個發展階段及相應的悲劇性轉換,對今天的知識份子仍有警示意義。概括地講,民粹主義在一百多年間,在中俄廣袤的地域上,經歷過以下幾個發展階段,完成了以下幾個悲劇性轉換——

其一,從心靈懺悔到「走向民間」階段。俄羅斯的貴族知識份子「起源於憐憫和同情」,開始關注廣大的窮苦農民,並進而良心發現,有了原罪意識,這本來是知識份子的一種高尚的情操,是非常可貴的。但是,當他們急切地付出行動,「走向民間」時,性質就發生了變化。這時,民粹主義者思想上的自我反

省轉換成了行動上的「革命運動」，這就混淆了思想彼岸與現實此岸之間的界限。對知識份子而言，思想和行動之間的界限在很多時候是不可混淆的。對此，錢理群教授有過精闢的論述。他說：「人文學者必須小心地劃清『此岸』與『彼岸』的界限，清醒地認識自己思想的彼岸性，即永遠是可望而不可及的理想，認清思想的合理性並不就是現實的合理性，而絕不越位將彼岸理想現實（此岸）化。這自然不是說可以脫離（不關心）此岸現實，他的超越性關懷必須建立在現實關懷的基礎上，而他的作用也是通過對現實進行的批判而實現的。……他的基本任務就是，不斷揭示現實人生、社會現存思想、文化的困境，以打破有關此岸世界的一切神話，絕不能越位變成直接的現實行動。」理想是美好的，知識份子的理想尤其美好，但是，如果思想者不顧現實條件，不惜以極端的方式使自己的理想現實化，就會陷入烏托邦與暴力革命相結合的危險境地。在十九世紀的俄國，民粹主義者就是這樣，他們認為，只要能推翻沙皇，公平地分配土地，就能在村社的基礎上建成社會主義。為了實現這個烏托邦，他們不惜採用暴力手段，策劃暗殺行為，不能清晰地區分理想彼岸與現實此岸之間的界限，犯了盲動主義的錯誤，當然就不可避免地陷入了悲劇性的泥潭。英國的思想家保羅・詹森說：「警惕人文學者，尤其要警惕帶有權力傾向的雅各賓式的人文學者。一旦他們和極端權力、極權主義相結合，他們就可能把他們的胡思亂想作為終極真理強加於人。那時，他們不是引導人走上迷途，而是強迫人走上『正路』。」反觀二十世紀人類的重大災難，無論是德國的納粹主義還是日本軍國主義，無不是在一個美麗烏托邦的旗幟下，以信仰和「為了理想」的名義去殺人，去製造災難。這方面的教訓實在是太深刻了，我們必須汲取。

其二，從知識份子的個人反省到政黨的政策性闡述階段。民粹主義從俄國傳到中國，最初僅限於知識份子個人反省、懺悔這個層面上，五四時期，魯迅先生〈一件小事〉中的道德反省就

是一例。在這個階段，知識份子的原罪意識是自願自發的，是真誠的也是朦朧的，一方面，他們看到了勞苦大眾道德高尚，知識份子在皮袍下面有自己的「小」，應該向大眾學習；可是另一方面，他們也看到了勞苦大眾愚昧、麻木的一面，這又要求知識份子要負起對大眾進行思想啟蒙的任務。這兩者原本是結合在一起的，以文學形象而論，民眾道德高尚的一面體現在〈一件小事〉中車夫的身上，而民眾愚昧、麻木的一面則體現在阿Q的身上。可是到了後來，由於政黨力量的介入，民粹主義以文化政策的方式被確定，這時，知識份子與勞苦大眾之間的關係變得無比清晰——知識份子必須仰望大眾，口氣不容置疑，沒有任何的迴旋餘地。這其實是沒有分清個人權利與政權需求之間的嚴格界限，政權需求已經嚴重越界，侵犯了私人的精神空間，尤其是知識份子思想自由的神聖權利。至此，「人的懺悔」轉換成了「懺悔的人」，詞序的顛倒意味著知識份子獨立人格和自主精神空間的徹底喪失，在「人的懺悔」階段，知識份子是以一個站立者的姿態在審視、反思，他們的頭顱是高昂的，脊樑是挺直的，雖然他們的判斷不夠清晰，但人格和精神都是獨立的，自主的；可在「懺悔的人」階段，知識份子是跪倒在勞苦大眾腳下的，他們的頭顱不得不低下，脊樑不得不彎曲，此時的他們是不能自主的，他們只能以跪倒的姿態懺悔自身的罪孽，同時謳歌「人民」的偉大。

其三，在政權結構內，民粹主義也經過一個從策略性表述到原則性規定的發展階段。中國共產黨早期的領導人幾乎全是知識份子，可以說，中國的共產主義運動最先是由知識份子發起的。可是，要把革命進行到底，就必須要依靠勞苦大眾，特別是廣大工人和農民的支持。為此，知識份子就得「走向民間」，向民眾宣傳革命。在發動民眾的初期，主要是知識份子影響大眾，如果沒有知識份子的宣傳，中國的勞苦大眾哪裏會懂得「無產階級革命」、「布爾什維克」之類的政治術語？然而，為了消除勞苦大眾與共產黨組織之間的隔閡，知識份子不得不放下「身段」，在

宣傳上強調「勞工神聖」，強調勞動人民「最崇高」、「最可愛」、「最具有革命性」。這些抬高民眾的說法在當時是一種手段，一種策略，可是，隨著革命隊伍的壯大，勞苦大眾出身的人在革命隊伍中的比例越來越大，勞苦大眾成了革命的主體力量，知識份子成了點綴。與之相對應，民眾的思維方式、接受水平、審美情趣甚至是生活方式——民眾話語——成了革命的主流語言，而知識份子話語則日益邊緣化。至此，最初的策略性表述被固定下來，成了政黨的原則性規定。在這個過程中，革命知識份子使用的手段也隨之轉換成了革命的目的。

策略轉化成了原則，手段轉化成了目的，乍一看有點不可思議，可是，在現實生活中，這種弄假成真的事實在太多了。許多人在讀書之初是要立志做學問的，可在學習的過程中不斷地考試，考來考去，學習的目的也就逐漸變成是為了考試，為了拿學位，為了評職稱。對今天的知識份子來說，學位、職稱、學銜不但是一種誘惑，有時分明就是一個個的門檻。跨越一個個的門檻成了治學的必經階段，這無可厚非。但是我們一定要警惕，不要讓自己的目標在手段處止步，也不要讓自己的人生原則在現實的策略性應對中迷失了方向。

讓我們再回到民粹主義的話題。民粹主義之所以在不同的發展階段、在俄中兩國都發生了悲劇性的轉換，原因固然是多方面的，但最根本的原因還在於知識份子獨立性的喪失。對人文知識份子來說，精神獨立和人格獨立既是他們最寶貴的人生品格，也是他們安身立命的根本。知識份子的獨立思考、自主判斷和自由言說是他們對社會最重要的貢獻。有了這些，他們足可以挺直脊樑，高昂頭顱，無愧天地，根本用不著自責，更用不著靠抬高別人、貶低自己來「贖罪」；可是，如果喪失了這種獨立性，他們即使低頭懺悔，即使受苦受難，也無法拯救自己——悲劇在喪失獨立性的那一刻就已註定。這，或許就是民粹主義悲劇之路給我們的最重要的警示。

第四章

「尤金娜現象」

尤金娜（1899-1970）是二十世紀最傑出的鋼琴家之一，曾被譽為「蘇聯鋼琴學派中的古爾德」。除了在音樂領域有天才的造詣外，尤金娜還有一副錚錚傲骨，在風雨如晦的專制氣氛下，她勇敢地站出來，在一次音樂會上朗誦帕斯捷爾納克的詩。不僅如此，她還敢於冒著殺頭的危險致函史達林，批評後者的獨裁做法。史達林當然不喜歡被別人批判，但是他卻沒有對尤金娜「動手」，或許是因為他的良心發現，或許是因為他太喜歡尤金娜演奏的鋼琴曲了。

著名的音樂家蕭斯塔科維奇在他口述的《見證》一書中回憶了尤金娜寫信批評史達林一事。史達林偶爾在廣播裏聽到了尤金娜演奏的莫札特《第二十三鋼琴協奏曲》，很喜歡，於是打電話到電臺索要。但是電臺並沒有這首樂曲的唱片，他們不過是實況轉播了一場音樂會而已。可是他們不敢向史達林說出真實情況，於是只得連夜召集尤金娜和樂隊為史達林「特別錄製」。當時，除尤金娜之外的人都被嚇壞了，指揮根本無法工作，連換了三位指揮才把這張唱片錄完。不久，尤金娜收到了一個裝有兩萬盧布的袋子。有人告訴她，這是在史達林的明確指示下送來的酬金。尤金娜不但不對史達林的賞識表示感激，而且還寫信把史達林給臭罵了一頓。她在信中說：「我將日夜為你祈禱，求主原諒你在人民和祖國面前犯下的大罪。」據說，等史達林讀到這封信的時候，有關部門把逮捕尤金娜的命令都擬好了，只要史達林「稍微皺一下眉頭」，他們就能叫尤金娜「消失得無影無蹤」。可是，「史達林一言不發，默默地把信放在一邊……尤金娜什麼事也沒

有。」更有趣的是，當史達林後來被發現已經死在他的別墅裏的時候，唱片機上放著的正是尤金娜演奏的莫札特鋼琴協奏曲。

在當時的蘇聯，尤金娜能有如此表現，顯然是非常令人敬佩的。誰也不能否認這一點。蕭斯塔科維奇和尤金娜都是不滿史達林的音樂家，按說這兩個人應該「臭味相投」才對。可是，在《見證》一書中，蕭斯塔科維奇又表達了他對尤金娜的種種不滿：「我為尤金娜感到難過。她是個出色的音樂家，但我們從來沒有成為親密的朋友，因為不可能。」不可能的原因是什麼呢？是因為尤金娜的理想主義色彩或者說是宗教色彩太濃了。「水至清則無魚，人至察則無徒」，尤金娜便是如此，她執著於自己的信仰，她的善良、正派、勇敢和虔誠都鋒芒畢露，這就使得她與世俗社會有相當的距離。甚至在蕭斯塔科維奇看來，尤金娜的種種做法也「未免乖張」：「只要受一點點的刺激，尤金娜就會跪下來或者吻人的手……我也不喜歡她的衣著，像道袍。」「尤金娜總是對我說：『你離上帝很遠。你一定要靠近上帝。』」用中國的俗話說，就是尤金娜太清高了，她不僅要自己有堅定的信仰和良好的道德操守，而且還有意無意地以己度人，用同樣的「高標準、嚴要求」來規範周圍的人。這顯然會讓很多人不舒服。從本質上講，道德也好，理想也罷，都應該是內斂的，而非張揚的，更非擴張的。它們是用來自律的，而不是他律的。過於擴張的道德理想總是與現實世界格格不入，因為理想都是完美的，而現實則總是有缺憾的，道德總是純潔的，而生活卻充滿了雜質。所以，像尤金娜一樣的道德理想主義者的人生總是充滿了悲劇色彩，既然他們不願或不肯忍受庸俗的現實生活，那麼，世俗社會也就看不慣他們的清高、道統或者狂狷，認為他們「脫離現實」。

作為具體的人，過於清高、脫離現實自然是不好的。但是，在特定的時期，不肯妥協、甚至是以清高至「乖張」的方式來表達對現實的不滿則恰恰是一種勇敢的行為。中國歷史上也有一大批這樣的人。魏晉時期的竹林七賢顯然是「狂狷之士」，而明

朝的東林黨人則是一群道德理想主義者。讀明史，我一度感覺東林黨人有點「迂」，甚至可以說「在政治上很不成熟」。在魏忠賢上臺之前，東林黨人一度得勢。但是，他們並沒能拯救大明帝國。他們只懂得捍衛儒家道德，而沒有足夠的治國之術。他們根本就不知道，在頹廢的晚明，道德的力量其實是極其有限的——道德的功能本來就是錦上添花，而非雪中送炭。從這個意義上說，東林黨人是不識時務的，他們明明知道天啟皇帝還是個孩子，卻非要用「聖君」的標準來苛求他；明明知道天啟皇帝只喜歡幹木匠活兒，不愛管朝政，可他們還是一遍又一遍地給皇帝上摺子；明明知道大臣們給皇帝的摺子最終都要落到太監魏忠賢的手裏，可他們還要一而再再而三地彈劾魏忠賢。他們有的是完美的政治理想和為了理想寧折不彎的鬥爭精神，可是卻缺乏與鬥爭精神相配套的實用的「鬥爭策略」。這樣的一夥兒人，怎麼能不遭到心狠手辣的魏忠賢的暗算？

但是又不得不說，恰恰是由於東林黨人的存在，才讓人感覺到了頹廢的晚明還殘存一絲正義，還不至於讓人太絕望。東林黨人得勢的時候，晚明的局面固然沒有被拯救，但是，東林黨人被魏忠賢清洗之後，晚明的局面就更加不堪。

或許，這就是道德理想主義者最重要的意義。他們幾乎註定是作為社會的批判者而存在的。他們是一面鏡子，通過他們，我們可以看到自身和現實的種種缺憾；他們是一個標竿，通過他們，我們永遠可以找到努力的方向；他們或許清高，他們或許狂狷，他們或許會讓許多人感到不舒服，但是，如果沒有了這樣的人，那麼所有的人就都會墮落為奔競之士、宵小之徒，而整個社會就會成為爭名逐利的角鬥場。

一句話，「尤金娜」們是有操守的，一個正常的社會必須要有容納「尤金娜」們的氣量——即便他們也有種種不足。雖然有了「尤金娜」們，人們也不會感覺到是生活在天堂，但是若沒了「尤金娜」們，人們一定會感覺到像生活在地獄中！

故

纸眉批
——個傳媒人的讀史心得

第五章

萬曆困局

在有名的《萬曆十五年》一書中，黃仁宇先生以同情的筆調描述了萬曆皇帝。萬曆皇帝朱翊鈞年幼之時，除了履行皇帝職責外，還要讀書、練字，接受教育。他聰穎好學，十歲的時候就能寫出「徑尺大字」。他很得意，就將自己的書法作品賜給張居正等大臣。可是第二天，首輔大臣張居正就對他說，陛下把字寫到現在這個水平就可以了，不要再練了——書法終屬於小技，於治國無補。及年長，萬曆皇帝一度喜歡「視察」、操練軍隊。此時，首輔大臣已經換成了申時行。以申時行為首的眾大臣稱，皇帝整天舞槍弄棒地練兵，有損「承平景象」。就這樣，萬曆皇帝的這個愛好也被禁止了。黃仁宇先生就此感慨，張居正不讓他練字，申時行不讓他練兵，那麼，他朱翊鈞縱然是皇帝，又有什麼樂趣？正常的愛好都得不到滿足，這皇帝當得還有什麼勁兒？！果然，萬曆此後就不再好好地當皇帝了：他找各種各樣的藉口不「上朝」，消極怠工。

從萬曆皇帝的身上，我們可以看到這樣的困局：雖然地位顯赫，身上有無數光環，可是活得一點都不開心，原因就是不自由。如果一個人的自由被剝奪，那麼，他人生的積極意義也就喪失殆盡了——即使他貴為九五之尊也枉然。

萬曆皇帝的人生困境在現代社會仍然存在。一些「成功人士」有體面的工作，有較高的社會地位，當然也很有錢，但是，就是「不自由」，處處要看別人的臉色行事，「足欲進而趑趄，口欲言而囁嚅」。他們總是抱怨工作忙，工作壓力大，說沒心情

和朋友聚會，沒時間去遊玩。這樣的人生無疑是有缺憾的，這些人的幸福指數要被大大地打折。

我還想起了中國的運動員。與發達國家相比，中國運動員的運動生命相對短暫，他們往往在獲得了奧運金牌之後，還年紀輕輕就選擇了退役。激流勇退是每個人的權利，我不想就此批評運動員。但是，我們是不是該反思，是什麼造成了這種現象？媒體披露了一些奧運金牌得主的諸多「不易」。這「不易」之中就有對運動員自由的嚴格限制：要割個雙眼皮，不允許（杜麗那個雙眼皮是偷著割的）；要吃點雞蛋，不允許；要談戀愛，不允許……從為了奪金牌的角度上講，從便於管理的角度上講，甚至從提高運動技能的角度上講，這些限制或許都有道理。但是，我還是不由自主地想起了當年的萬曆皇帝，想起了自由對人的無比可貴。既然貴為皇帝的萬曆都會因為不自由而消極怠工，那麼我們的金牌運動員會不會也因為種種苛刻的限制而厭倦體育生涯呢？效仿黃仁宇先生評價萬曆皇帝的說法，我們是不是可以這樣想：教練不讓吃雞蛋，領導不讓談戀愛，那麼，縱使身為奧運冠軍又有什麼樂趣呢？

「知識改變命運」，這話曾激勵過許多人好好學習天天向上，可是，當一些人靠知識改變了命運之後，就再也不像以前那樣去如饑似渴地去學習知識了；同理，當一些運動員因為奧運金牌而改變了自己的命運之後，他們還熱不熱愛自己曾經獻身的體育運動，這也實在是一個疑問。出於功利的目的，人類也可以做成很多事，甚至在這個過程中還可以暫時讓渡出寶貴的自由，但是，當功利目的達到之後，追求自由的渴望仍會不可遏制。相反，當目的達到之後，為實現目的所採取的手段往往會遭到遺棄。

自由是人生最為可貴的東西，與之相比，金錢、榮譽和地位等畢竟屬於「身外之物」。尤其是在「身外之物」到手之後，自由就成了最重要最天然的追求。應該說，當年萬曆皇帝的選擇和

如今一些奧運冠軍的選擇都證明了這一點。可以說，自由是人類的精神之鈣，失去了它，人生的境界便會矮化和弱化。「生命誠可貴，愛情價更高。若為自由故，二者皆可拋。」誠如是，誠如是！

故

纸眉批

一個傳媒人的讀史心得

第六章

續「花剌子模信使問題」

王小波先生寫過一篇有名的雜文〈花剌子模信使問題〉，這篇文章開頭就說：「中亞古國花剌子模有一古怪的風俗，凡是給君王帶來好消息的信使，就會得到提升，給君王帶來壞消息的人則會被送去餵老虎。於是將帥出征在外，凡麾下將士有功，就派他們給君王送好消息，以便他們得到提升；有罪，則派去送壞消息，順便給國王的老虎送去食物。」我的這篇文章既然題目叫〈續花剌子模信使問題〉，就要接著王小波先生的這個意思往下說。

我相信，王小波先生寫〈花剌子模信使問題〉是有感而發的。他在文章中說：「我和李銀河從一九八九年開始一項社會學研究，首次發現中國存在著廣泛的同性戀人群，並且有同性戀文化。當時以為這個現象很有意義，就把它報導出來，結果不但自己倒楣，還帶累得一家社會學專業刊物受到了本市有關部門的警告。這還不算，還驚動了該刊一位顧問，連夜表示要不當顧問。」「假設禁止我們出書，封閉有關社會雜誌，就可以使中國不再出現同性戀問題，這些措施就有道理。但同性戀傾向是遺傳的，封刊物解決不了問題，所以這些措施一點道理都沒有。值得慶幸的是，北京動物園的老虎當時不缺肉吃。」

我寫此文也是有感而發的。我是個新聞工作者，引起我發感慨的便是一個新聞事件——韓國黃禹錫造假。韓國黃禹錫學術造假事件在2005年的下半年鬧得沸沸揚揚，中國人對此事很關注，也寫了不少評論文章。不過，這其中有一個細節很耐人尋味。黃禹錫造假事件最初是由韓國的一家電視臺（MBC）報導出來的。

這家電視臺採訪了與黃禹錫合作的美國匹茲堡大學的有關機構，拿到了黃禹錫涉嫌學術造假的若干證據。可是，當這家電視臺將自己的採訪所得公之於眾的時候，它得到的不是喝彩聲，而是討伐聲——從韓國政府到韓國民眾一致聲討這家電視臺，說它污蔑韓國的「民族英雄」黃禹錫。韓國民眾上街遊行，支持黃禹錫，聲討MBC，在強大的社會壓力下，MBC不得不出面道歉。值得慶幸的是，不久，黃禹錫學術造假事件被證實了。MBC由此才逃過一劫。

我的問題的是：韓國MBC報導的是真相，為什麼還會惹得民眾如此不滿？真實是新聞的生命，媒體報導了真相，這是天經地義的事，為什麼還要承擔如此巨大的風險？作為學者，王小波、李銀河研究同性戀問題無可厚非，而且同性戀人群和同性戀文化確實存在，為什麼他們在當時也要遭受打壓？這樣的追問，一下子就涉及到了「信使」（從某種意義上講，媒體也好，學者也罷，都是整個社會的信使）「報喜」還是「報憂」的問題。如果明確了「報喜得喜，報憂得憂」的原則，那無疑等於承認了自己是花剌子模國君王，而我們的社會就是花剌子模國的翻版。這會讓所有的人沮喪。因為我們知道，那個花剌子模國已經被成吉思汗的大軍滅掉了。我們要構建和諧社會，不想重蹈花剌子模國的後塵，所以，我們對「信使」的要求是：報真不報假。這一點，在理論上沒有任何問題，問題出在現在實踐中。在實踐中，「報喜不報憂」成了許多「信使」心照不宣的「秘笈」。在這一「秘笈」的指導下，很多揭露性報導胎死腹中，很多批評性文章難見天日。王小波、李銀河發表關於同性戀研究論文的遭遇不過是「花喇子模信使問題」之一例，凡是有過媒體工作經驗的人，或者是關注過新聞媒體的人，幾乎都可以舉出若干類似的例子。

為什麼會這樣？王小波先生在他的文章中沒有回答。倒是胡適和雷震的一段談話有助於我們解答這個問題——起碼我是這樣認為的。

　　1949年以後，蔣介石逃到臺灣。在相當長的一段時間裏，臺灣國民黨提出了「反攻大陸」的口號，並以此為藉口實行專制統治。為了加強對報刊的控制，國民黨臺灣當局除了做出「限證」、「限張」、「限印」的「報禁」規定外，還以觸犯刑律為由對一些報刊和報人進行制裁。這期間最著名的就是《自由中國》案。《自由中國》創刊於1950年7月，最初的發行人是胡適（後來胡適退出），實際上由雷震主持。在雷震的主持下，《自由中國》發表了不少反對軍隊黨化，反對成立「中國青年反共救國團」和反對特務統治的社論，主張「建立自由民主的社會」和「使整個中華民國成為自由的中國」。因為這個刊物反映了一部分自由主義知識份子的觀點，所以在知識份子階層有著較好的口碑。1960年初，雷震一方面準備另組新黨以對抗專制的國民黨，另一方面又在《自由中國》上發表〈反共不是黑暗統治的護符〉、〈蔣總統如何向歷史交代〉等社論，指責國民黨專權，反對蔣介石連任第三任總統。雷震的文章引起了國民黨當局的忌恨，被扣上了「倡導反攻無望」、「為共匪作統戰宣傳」等罪名，雷震本人也於1960年9月被抓起來關了十年。

　　據李敖先生講，在被抓以前，雷震就跟胡適有過一段談話。雷震講：「胡先生，我們回不去大陸了，這不是真的嗎？為什麼講了真話，別人還誤會我們？怎麼會發生這個現象呢？難道不許我們講真話嗎？」

　　胡適就說：「你們辦的雜誌講了真話，這沒有錯；臺灣這批人回不去大陸了，這也是事實。可是你不要忘記，想回大陸是很多人的一個夢。由於你雷震，由於你辦的《自由中國》雜誌，你把這個夢給摧毀了。因為你摧毀了別人的夢，所以他們就要把你抓起來。」

　　胡適不愧為思想大師，話一下子就說到了點子上。「因為你摧毀了別人的夢，所以他們就要把你抓起來。」「花喇子模信使問題」至此應該有個合適的解釋了。因為你MBC摧毀了韓國人讓

黃禹錫這個「民族英雄」拿諾貝爾獎的夢想，所以，一些韓國民眾就要聲討你MBC；因為你雷震摧毀了蔣介石「反攻大陸」的夢想，所以蔣介石就要把你雷震給關起來；因為王小波、李銀河摧毀了有些人認為的「社會主義國家沒有同性戀人群」的夢想（教條），所以，這些人就要打壓你王小波、李銀河。

對專制暴君和愚昧民眾（專制暴君和愚昧民眾天生就是好搭檔）來說，他們根本上都是不講道理的傢伙，他們信奉的只有慈禧太后的那句話：「誰叫我一時不痛快，我就叫誰一輩子不痛快！」你「信使」報的信打碎了我的美夢，讓我不痛快了，那你就要倒楣！──至於你報的到底是真還是假，那是無暇顧及的。在這種情況下，「信使」們採用「報喜不報憂」的做法顯然最符合市場經濟的經營理念──風險極小而收益極大。我報的是「喜」，如果它恰好又是真的，那於公於私都是美事，好處自然是大大的；我報的是「喜」，如果被識破它是假的，那也還可以用「出發點是好的」的來搪塞，怎麼說也不會被餵老虎。可是，如果你奉行的是報「真」原則，一旦趕上一個壞消息，那你就隨時都會「摧毀別人的夢」，都會被「抓起來」，甚至還要被餵老虎。

多年來，我們一直在呼籲：要加強輿論監督。這自然是不錯的。但是，輿論監督問題說到底還要面臨一個「信使待遇」的問題。我敢說，只有「信使」們不再有「被餵老虎」的危險，輿論監督的作用才能最充分地發揮出來；只有「信使」們擁有了「免於恐懼的自由」，我們的社會才能實現真正的和諧。

第七章

話語禁忌與思想突圍

　　關於忌諱，中國人並不陌生。在漫長的封建專制社會，中國人早就懂得如何避諱了——一個人的地位越高，權力越大，他的名諱就越是碰不得。兒子不能直接叫老爹的名字，奴僕不能直呼老爺的名字，百姓不能直呼官員的名字……自然，全國人民誰也不能直呼皇帝的名字。不但不能直呼皇帝的名字，而且皇帝及皇子名字中用過的字別人也不能用。秀才們學習寫文章，首要的一條就是要記住聖上的名諱，否則就會犯下不可饒恕的「政治錯誤」。說話、寫文章不提及聖上及尊者的名諱，這就叫「避諱」，避諱的辦法就是煞費苦心地為某些字找替身。唐太宗叫李世民，唐代的文學家們就得把「民風」改成「人風」，所以柳宗元才在〈捕蛇者說〉中寫下了「以俟夫觀人風者得焉」的句子；《紅樓夢》中，林黛玉寫到「敏」字時總要故意少寫一筆，原因就是她的母親名叫賈敏；清朝的康熙皇帝名叫愛新覺羅·玄燁，廣東陸豐的玄山寺就得改稱「元山寺」，中藥「玄參」也得改稱「元參」。古人避諱的一個重要結果就是弄得今人很不爽，我讀古文的時候就常常疑神疑鬼，這裏的「人」到底是該當「人」講還是該當「民」講？這裏的「元」是真「元」還是假「元」——「玄」？這就叫：前人栽樹，後人乘涼；前人作孽，後人遭殃；前人避諱，後人不爽。

　　避諱當然是話語禁忌的一種。語言文字本來是公用的文化資源，可是，皇帝就是霸道，他非要將公共資源據為己有：「這個字朕用了你們就不能再用了」。在皇帝看來，語言文字如同後宮佳麗，一旦為皇帝所擁有，那別人就再也不能染指了。所以，如

果一個人不避皇上的名諱，那簡直就等於是給皇帝戴了綠帽子，後果嚴重得很。這當然是不講理的做法，可是，這種做法竟然在中國歷史上長期存在，長期到了大家都習以為常的地步。

可見，有些現象雖然荒唐走板，可是，由於人們長時間地忍受著它的折磨，慢慢的，它也竟成了一種文化，似乎也成了「合理合法」的事。這實在是一種悲哀。

皇帝的名字有忌諱，臣民們配合皇帝，講究避諱，代代相襲，忌諱就越來越多。弄到最後，達官顯貴有忌諱，平民百姓有忌諱，甚至是無業遊民也有了忌諱。魯迅先生筆下的阿Q，因為頭上有癩瘡疤，所以他「諱說『癩』以及一切近於『賴』的音，後來推而廣之，『光』也諱，『亮』也諱，再後來，連『燈』『燭』都諱了。一犯諱，不問有心無心，阿Q便會全疤通紅地發怒起來，估量了對手，口訥的他便罵，氣力小的他便打。」

阿Q雖是魯迅小說中虛構的人物，但有關「忌諱」這一點卻是「於史有徵」的——歷史上大有這樣的人存在。明朝的開國皇帝朱元璋就是一個忌諱頗多的人物。朱元璋參加過郭子興的農民起義軍，那時，農民起義軍是被「官方」罵作「賊」的。當上皇帝之後，朱元璋雖然早已不是「賊」了，可他對「賊」這個字很忌諱，連帶著，與「賊」音近的「則」字他也忌諱。有人拍朱元璋的馬屁，上表說他「聖德作則」，他很惱火，認為人家這是諷刺他做過賊，所以就把這個人殺了。還有兩個人，一個因在上表中用了「作則垂憲」這個詞被殺，另一個因用了「儀則天下」這個詞被殺。通過這一系列的殺戮，「賊」、「則」這兩個字在洪武朝就被「廢」了——雖然這兩個字是客觀存在的，但大家說話寫文章均小心翼翼，誰都不敢用這兩個字。朱元璋當過和尚，所以他後來也忌諱「和尚」、「僧」之類的字眼，連帶著，「光頭」也忌諱，「取法」也忌諱（與「去髮」同音），「生」也忌諱（與「僧」音近），於是，「取法乎上」之類的說法就被廢止了，「醫生」這個職業也只好改作「醫士」。朱元璋的忌諱實在

太多，弄得人們說話寫文章一不小心就會犯忌諱，犯了忌諱就有被殺頭的危險。眼看著一個又一個的人因犯忌諱而被殺頭，禮部官員於心不忍，遂冒著風險給朱元璋上書，請求皇帝下一道表，明確規定哪些字不能用，哪些辭彙不能說，這樣好讓臣民們心裏有數。好在朱元璋先生還算明白事理，就答應了這一請求。從此之後，大明朝的臣民才明確地知道皇帝的忌諱有哪些。有了明文規定，大家遵照行事，不去觸摸「高壓線」，因犯忌諱而掉腦袋的事也就慢慢地減少了。

不過，一些字硬生生地不讓用，一些辭彙硬生生地不讓說，這自然會影響到思想情感的交流與表達。縱觀整個明朝，它在思想文化方面所取得的成就遠不如唐朝和宋朝輝煌，我想，這跟明朝開國皇帝朱元璋的忌諱特別多不無關係。

我們不得不承認，像朱元璋這樣，心中有忌諱又敢於把這些忌諱明確說出的人雖然霸道，但究竟還有幾分可愛。更多的強權人物連明確地說出忌諱的勇氣都沒有，他們的心中有著各種各樣的忌諱（這段歷史不希望別人提起，那段醜事也不許別人評說），可是他們又不肯也不敢把自己的忌諱明確地說出來——這樣就顯得太沒面子了。所以，他們剩下的就只有一招：要求他人有超強的悟性，能準確地「理會領導意圖」，默契地「統一口徑」或保持沉默。如果有人做不到這一點，那麼對不起，我會舞動強權的大棒，「打壓」伺候，懲治你的幹活！這就叫「法不可知，則威不可測」。有忌諱而又不明說，一切奧妙讓你猜，這在無形之中就會使你產生更多的禁忌——因為你不知道具體的「高壓線」到底在哪裏，所以你時時處處都得小心，好像前後左右全是「高壓線」，哪都碰不得。這樣的戰戰兢兢，這樣的小心翼翼，這樣的如履薄冰，你哪裏還敢衝破思想束縛，進行各種創新？如此高壓之下，一些人免不了會走上作繭自縛、自我閹割的道路。而這些作繭自縛、自我閹割的人勢必又派生出更多的話語忌諱。如此，便形成了話語忌諱的惡性循環。

一個國家，忌諱太多，這個字眼不准用，那樣的話不能說，人們就無法自由地思考與表達，整個民族的創新能力就勢必萎縮，整個社會的思想文化也就無法實現新突破。可以說，話語忌諱與思想突破之間存在著反比例的關係。一個政權越專制，它的話語忌諱就越多；話語忌諱越多，這個社會的思想文化就越逼仄；反之，一個政權越民主，它的話語忌諱就越少（甚至沒有）；一個話語忌諱很少甚至壓根就沒有話語忌諱的國度，必然是一個思想自由、文化多元、生機勃勃的和諧社會。

第八章

「時勢造英雄」的反面

「時勢造英雄」這句話為人熟知，其中的道理也不難理解：特定的歷史條件常常會把某個人推到時代的風口浪尖，使之成為萬眾矚目的「英雄」。不過，接下來就有一個問題：時勢既然可以幫助某些人放大優點，使他們成長為一代英雄，那麼，時勢是不是也可以放大某些人的缺點，從而造成某些個人悲劇和歷史悲劇呢？換一句話說，既然有「時勢造英雄」的事例，那麼有沒有「時勢毀英雄」或者「時勢誤人」的情形呢？

當然有。

我們先來讀一首詠史詩：「隋煬不幸為天子，安石可憐做相公。若使二人窮到老，一位名士一文雄。」這首詩中提到了兩個歷史人物：隋煬帝楊廣和王安石。隋煬帝是歷史上著名的荒淫皇帝，可是他才華出眾，寫過很多詩文，這些詩文收在《隋煬帝集》中，很得後人讚譽。唐太宗李世民曾感慨道：「朕觀《隋煬帝集》，文辭奧博，亦知是堯、舜而非桀、紂，然行事何其反也！」詩文之外，隋煬帝還能帶兵打仗，他年輕的時候曾統帥五十萬大軍平定南方。他的父親隋文帝也承認，在建立隋朝帝業的過程中，楊廣立下過汗馬功勞。有這樣的才學，成為一代名士顯然是不成問題的。可惜的是，隋煬帝「不幸」當上了「天子」。楊廣當了皇帝，行為完全不受制約，他人性中「惡」的一面便無限放大：自負演變到獨斷專行，奢侈發展到荒淫無度，好大喜功轉化為窮兵黷武。隋朝的局勢由此變得不可收拾。據說，晚年的時候，隋煬帝已經意識到了自己將被處死的命運。有一次，他照鏡子，照過之後摸著自己的脖子說：「我的這顆頭顱這

麼漂亮，只是不知道誰來砍它呢？」到了這個時候，大概他才真正明白：自己根本就不是當皇帝的料兒。可惜悔之晚矣。

王安石的情況比較複雜。他可以說是中國歷史上優秀士大夫的典範，他不僅文章寫得好，而且堪稱道德楷模。他心懷天下，勤勉有加，生活儉樸，在做基層官員時頗有政績，就連他的政敵都佩服他在私德上的完美。也正因為有這麼多的優點，所以宋神宗才選中他來主持改革大計。可是，王安石性格執拗，「原則性太強」，容不得不同意見。這點個性缺憾對一般人來說也沒什麼大不了的，但對於一朝「相公」來說就很致命。俗話說：「宰相肚子裏能撐船」，意思是說，主持全局工作的人必須有容人之量。你容不得別人，怎麼能「團結眾人」幹好工作？因為執拗，王安石在主持變法大局時就聽不進不同的意見，不但反對派的聲音他不聽，就連中間派的合理化建議他也認為是「噪音」，也在清除之列。這樣做看似很有「氣魄」，可實際上為變法運動的最終失敗埋下了伏筆。更重要的是，王安石在變法期間排斥異己的做法播下了宋朝黨爭的種子。變法失敗後，宋朝政治隨即陷入到黨爭的泥潭之中，蜀黨、洛黨兩派勢力互相爭鬥，「安定團結」的政治局面不復存在。所以，後人才說「安石可憐做相公」。如果不是「時勢」把王安石推到「相公」的位置上，那麼，以他一代文豪加道德楷模的修為，他的歷史形象近乎完美。可惜的是，「時勢」把王安石推到了「相公」的位置上，而他主持的變法最後又失敗了，所以，他不得不再接受一個悲壯的歷史定位：失敗的改革家。

如果說王安石的例子不夠鮮明，那麼我們再舉一個明顯的例子——慈禧太后。關於慈禧太后，人們普遍的認識是：這是一個驕奢、昏聵的統治者。這當然是不錯的。可是，如果我們報以「歷史之同情」，設身處地地想一想，可能就會發現這裏面也有著「造化弄人」的成分。慈禧太后原本是一個普普通通的滿族女子，她十六歲入宮，懵懵懂懂地步入了險惡而奢華的皇宮。她

二十六歲的時候喪夫，四十歲的時候喪子。對女人來說，青年喪夫、中年喪子無論如何都是「重大的人生打擊」，這樣的遭遇足以令人同情。可是，很少有人同情慈禧太后。原因就是她後來統治中國近半個世紀，這期間作惡太多，人們只記得她的壞處，而把她的這些不幸遭遇給忽略了。再仔細分析，我們還會發現，慈禧太后之所以能統治中國近半個世紀，也是時勢使然。到了咸豐時代，滿族的八旗弟子早已失了了驍勇善戰的雄風。滿族男人大多從勇猛的戰士變成了懦弱的花花公子，正是基於這樣的「時勢」，慈禧太后才有了控制朝政的機會。試想，如果努爾哈赤、皇太極、多爾袞之類的人物還在，大清朝的國事哪裏輪得到小小的葉赫那拉氏置喙？皇太極不是就逼死過父親努爾哈赤的妃子阿巴亥嗎？前朝的妃子不被陷害就不錯了，哪裏還能控制朝政？可是到咸豐駕崩時，情況變了，大清國的皇族中已經沒有像努爾哈赤、皇太極那樣剛猛、決絕的男人了。所以，慈禧太后只要憑著皇后、皇太后的身份，憑著她在後宮積累的「叔嫂鬥法」的手段，就可以「擺平」局勢了。悲劇在於：歷史給了慈禧太后統治中國的機會，卻沒有給她以足夠的才能。一個沒有足夠才能的人長期佔據著高位，表面上看，這是慈禧太后個人的幸運，可實際上這是我們整個國家的不幸。在慈禧太后的長期統治之下，中國一次又一次地割地賠款。因為慈禧太后個人的幸運與整個民族的不幸密切相關，所以，她最終仍然是不幸的──她一直被釘在歷史的恥辱柱上，連本來值得同情的遭遇也往往被人忽略。

一句話，「時勢造英雄」是一枚硬幣，它有正面，也有反面，反面就是「時勢毀英雄」或「時勢誤人」。當「時勢」硬生生地把一個不合適的人推到高位的時候，這個人自己往往會覺得這是一個機遇，別人也會誤以為這是時勢「造」出來的又一個英雄，可實際上這常常是一齣悲劇的開始。對於一個人來說，最大的悲劇就是去幹不適合自己、自己也沒能力去幹好的事情。

故

纸眉批

一個傳媒人的讀史心得

第一輯 歷史現象的明與暗

第九章

歷史的報復

　　中國民間有「遭報應」的說法，這裏面當然有迷信的成分，但是「遭報應」的現象常常會在歷史上出現，對此，我們有必要認真分析。有些「遭報應」的事純屬巧合，但更多時候，「遭報應」現象是含有歷史發展的必然邏輯的。對於後一種情況，我們不妨稱之為「歷史的報復」。

　　不妨先從漢武帝劉徹說起。劉徹當上了大漢天子的時候只有十六歲，還是個「未成年人」。當時，他的祖母竇太后尚在，而且威望頗高，對朝政影響甚大，所以漢武帝沒法放開手腳做事。漢武帝劉徹喜歡儒學，可竇太后信奉黃老之術，兩人的「執政理念」不同，搞得漢武帝十分鬱悶。祖母去世後，漢武帝終於可以按照自己的想法治理國家了，他接受董仲舒的建議，「罷黜百家，獨尊儒術」，算是出了積壓在胸中的惡氣。不僅如此，他還處心積慮地預防「女主」和外戚專權。漢武帝有六個兒子。他和衛子夫所生的兒子叫劉據，曾經被立為太子。後來因奸臣挑撥，再加上漢武帝本人疑神疑鬼，把太子給逼反了。太子政變失敗後，全家被殺。晚年的時候，漢武帝不得不重新選接班人。這時，他看好鉤弋夫人的兒子劉弗陵，決定把帝位傳給他。可是，他又擔心「子少而母壯」，女主會「恣亂國家」，猶豫不決。最後，他想出一個辦法：立劉弗陵為太子，同時處死了他的母親鉤弋夫人。漢武帝開創的這種做法叫「立子殺母」，其後一度被北魏所效法，成了一項「制度性」規定。由此可見，封建帝制是多麼殘酷、多麼違反人性！

漢武帝之所以「立子殺母」，目的就是為了防止「女主」及外戚專權。但詭譎的是，縱觀漢朝，外戚專權的現象極為嚴重。「呂氏亂漢」是有名的「女主」和外戚干政，但那是在漢武帝之前，我們姑且不說。就在漢武帝「立子殺母」之後，外戚專權的現象並未得到多大的改觀。漢武帝死後，西漢的大權落到了外戚霍光的手中。霍光權傾一時之際，就連漢宣帝都不敢與他同車，因為漢宣帝知道自己的皇位是「霍大人」給的，倘若不小心，隨時有被「廢掉」的危險。再到後來，漢朝更有外戚王莽篡權之事。也就是說，漢武帝生前所極力預防的事情最後還是發生了。對此，若地下有知，不知漢武帝會作何感想。如果說這是歷史對漢武帝殘暴作風的一種報復，恐怕不算過分吧。

與漢朝相比，明朝的歷史似乎更能說明問題。在建立了明朝之後，朱元璋殺害了一大批開國功臣。有人做過統計，從洪武十三年（西元1380年）的「胡惟庸案」，到洪武二十三年（西元1390年）的「李善長案」，再到洪武二十六年（西元1393年）的「藍玉案」，朱元璋的政治謀殺持續了十幾年，被誅殺的文武功臣及家屬有五萬多人。可以說，朱元璋用功臣的鮮血詮釋了什麼叫「狡兔死，走狗烹」。這樣殘忍的殺戮當然會留下後遺症，這個後遺症便是：明朝的君臣關係從此就再也沒有融洽過。明朝的絕大多數時間，君臣之間的關係都處於敵對的狀態，皇帝動輒就「廷杖」大臣，大臣也看著皇帝不順眼，不願意為其效勞。弄到後來，正德皇帝忙著「遊龍戲鳳」，不理朝政；嘉靖皇帝忙於煉丹，不理朝政；萬曆皇帝主動「罷工」，不理朝政；天啟皇帝忙著幹木匠活，也不理朝政。

皇位最後傳給了崇禎皇帝朱由檢。朱由檢倒是勤政，可惜，此時的大明王朝已病入膏肓、積重難返了。再加上崇禎皇帝也像他的祖先朱元璋一樣，刻薄寡恩，濫殺功臣，這更加速了明朝的滅亡。最後崇禎皇帝不得不在亡國之際上吊自盡。自盡之前，他還發牢騷說：「朕非亡國之君，臣皆亡國之臣」，「滿朝文武皆

可殺」，把亡國的責任推卸給了大臣。這說明，崇禎皇帝到死也是個糊塗鬼。他就不想想：如果自己真的英明無比，那麼大臣怎麼會都怨你、煩你、孤立你、背叛你？「滿朝文武皆可殺」，就你自己天縱英明，「非亡國之君」，這樣的邏輯如何能說得通？如果「臣皆亡國之臣」屬實，那麼，「君必亡國之君」無疑。只有這樣，才能和「上樑不正下樑歪」的道理相吻合。實際上，崇禎皇帝徒有明君勤政、節儉的表象，而缺乏明君正確決策、知人善任、總攬全局的能力。他性格多疑、脾氣暴躁、剛愎自用、急功近利。據統計，崇禎皇帝在位十七年，期間擔任過內閣大學士（相當於宰相、副宰相）的人居然有五十位之多，後世稱之為「崇禎五十相」，由此可見崇禎多麼缺乏容人之量——內閣大學士這樣的高官，他說換就換！其中，還有兩個首席內閣大學士被他處死。而被他殺死的其他文武大臣就更多了，光總督、巡撫這一級的高官就有十九人。崇禎十二年（西元1639年），因上一年發生的清軍內犯之事，崇禎皇帝一次就殺掉文武官員三十六人，其中包括驍勇善戰的總兵祖寬和精明強幹的山東巡撫顏繼祖。至於他在崇禎三年（西元1630年）殺害名將袁崇煥一事，因是著名的歷史冤案，眾人皆知，這裏就不多說了。

　　縱觀整個明朝，洪武皇帝朱元璋以大肆屠殺功臣為「朱氏」王朝開路，崇禎皇帝朱由檢再以大批殺戮功臣的方式宣告退場，刀光血色之中，「君臣不睦」的壞傳統一脈相承。崇禎皇帝上吊自盡之時，沒有一個大臣陪著他殉國，這對大明王朝來說實在是一個絕佳的嘲諷。朱元璋殺戮功臣，是為了讓「朱氏」坐穩江山；朱由檢殺戮功臣，是為了挽救大明王朝。他們的理由看似很正當，可是，他們忘了，「成也蕭何，敗也蕭何」，因血腥殺戮而坐穩的江山，最終會在血腥殺戮中斷送。歷史的報復在這裏體現得淋漓盡致。

　　歷史為什麼會報復？如果簡單地將其歸結為「因果報應」，那顯然有迷信之嫌，不能讓人信服。我想，真正的道理或許是：

一個原本自然生長的東西（比如自然生態、文化生態、社會生態等），突然被粗暴的政治力量強行介入，這時，它就會被迫變形，變得面目全非，變得不可掌控。這個變形後的東西會成為敵對力量，說不定什麼時候就會對強行介入的勢力做出致命的一擊。這致命的一擊便是歷史對強權者的報復。當大權在握的時候，很多人會以為一切都在自己的掌控之下，所以肆無忌憚為所欲為，豈不知，「世界在本質上是不可控的」，「自以為是其他一切的主人的人，反而比其他一切更是奴隸。」

第十章

歷史上的「好心辦壞事」

　　美國漢學家史景遷教授在《王氏之死》一書中引用過這樣一則事例：山東郯城的陳太禎在1669年因病去世，他給妻子彭氏只留下了一片地、一間房和一頭牛，還有一個叫陳連的兒子。彭氏在丈夫死後盡了自己的責任，送兒子陳連去讀村塾。她的設想是自己辛苦守寡，把希望寄託在兒子身上，讓兒子將來能成為讀書人。可是，她的夫家親戚不但不支持她，而且還欺負她，逼迫她改嫁。她兒子的三個堂兄陳國琳、陳國相和陳國連一同欺負這對孤兒寡母，陳國連牽走了彭氏的牛，陳國相闖進彭氏的屋子，試圖將其趕走，而陳家的族長也不出面幫助彭氏。

　　夫家之所以欺負彭氏，目的就是想奪取她的財產。《大清律》中有這樣一條規定：「改嫁者，夫家財產及原有妝奩，並聽前夫之家為主。」這條規定的原始用意是為了鼓勵死去丈夫的女人守寡——若堅持守寡，可得到一定的經濟補償。可是，這條規定在實踐中卻起到了相反的作用，死去丈夫的女人若想守寡，通常是得不到夫家幫助的。夫家會欺負寡婦，目的就是逼迫她改嫁，然後從中獲取物質利益。因為這恰好符合「改嫁者，夫家財產及原有妝奩，並聽前夫之家為主」的法律規定。彭氏恰好成了這條法規的犧牲品。最後的結果是，為了搶奪彭氏的財產，陳國相、陳國連居然設計把彭氏的兒子陳連打死了。這樣，彭氏沒有了兒子，丈夫留下的遺產就被族長指定給了別人。

　　一項原本是保護守寡婦女權益的法律條文，在實踐中卻把寡婦害得家破人亡。初衷和結果嚴重背離，這看起來有點荒誕，可事實就是這樣。只在立法觀念上褒揚婦女的「守節」行為，而

在現實生活中卻沒有與之配套的技術手段,那麼,在一個弱肉強食的社會中,身為弱者的寡婦無力維護自己的權益也就不足為怪了。在中國,從來就有「好心辦壞事」的情況發生,法律條文如此,一整套的改革措施有時也如此。

王安石變法是中國歷史上非常著名的一場改革。在變法之初,改革的設計者和執行者王安石決心極大,他以驚人的勇氣和難得的智慧發動了變法,力圖實現富國強兵的理想。而國家的最高決策者宋神宗也給予王安石極大的支持,這種同舟共濟、目標一致的君臣關係在歷史上是少有的。而且,王安石推行變法不是一時的心血來潮。在全面推行之前,王安石在小範圍內試驗過變法的措施,取得了不錯的成效。按說,有了上述條件,王安石變法應該取得成功才對,可實際的結果卻恰好相反,王安石變法最終失敗了。

就變法的主張和具體方案而言,王安石制定的青苗法、募役法、方田均稅法、保甲法等改革措施的初衷都是好的。以「青苗法」為例,其目的是為了「摧兼併,濟貧乏」,意在免除高利貸對農民的過度盤剝。具體做法是,每年青黃不接的時候,由官府向農民貸款,秋後連本帶息一併償還。利息低於地主對農民放貸的利息,農民承受得起。而農民之所借,本就是國家庫存的餘糧,以國家之餘糧,解農民燃眉之急,於民有利;農民秋後返本還息,國家庫存進一步增加,這不是兩全其美的事嗎?可實際執行的結果卻不是這樣。國家規定的讓農民受惠的低息貸款,在執行的過程中變成了官府壟斷的高利貸。既然是壟斷的高利貸,那麼利息當然會越來越高,最後,利息之高,竟然達到規定利息的三十五倍!到這個時候,百姓深受「青苗法」之苦也就不足為怪了。

問題出在了哪裏?就出在了推行變法的過程當中。為了推行變法新政,王安石給全國各地下達了放貸指標。為了完成和超過指標,地方官便層層攤派,攤派的過程中,為了自己的「政

績」，各級官員再層層加碼，最後，普通百姓不得不「奉旨貸款，奉旨還息」。借貸還貸原本是一種普通的經濟行為，可是官府插手之後，這事成了硬性的「政治任務」。更可怕的是，在「民」與「官」博弈的過程中，「民」必然處於弱勢，受官府的盤剝在所難免。更何況，變法給了官府以合法的名義盤剝百姓的藉口。這樣，本來就善於權力尋租（按：利用權力為自己撈好處）的各級官僚焉能不上下其手，以改革的名義行腐敗之實？

「青苗法」如此，王安石的其他變法措施也大體如斯。所以，王安石的變法措施推行之後，不但司馬光等朝廷重臣表示反對，而且普通百姓也深受其苦。僅山東東明縣一地就有一千多人進京上訪，聚集在王安石的住宅前，要求廢除「新法」。可見，「新法」確實在一定程度上激化了矛盾，影響了穩定。有一個受過王安石提拔的叫鄭俠的官員，他痛感變法舉措在實踐中給百姓造成的戕害，在熙寧七年（西元1074年）四月畫了一張《流民圖》，進呈皇帝，懇請廢除「害民之法」，「延萬姓垂死之命」。這一年大旱，鄭俠在奏章中決絕地表示，如廢除新法之後十日內仍不下雨，「請斬臣首於宣德門外，以正欺君之罪」。要知道，在中國歷史上，封建士大夫普遍認為氣候異常是與君王的作為有關係的，天災是上天對君王不行仁政的一種警示和懲罰。在這種情況下，宋神宗不得不下詔，暫停青苗法。巧合的是，停止青苗法的詔書一下，天降大雨，困擾朝廷上下的旱情解除了。青苗法的廢除引發了多米諾骨牌效應，其他變法措施相繼被廢止，轟轟烈烈的王安石變法就此偃旗息鼓。

反觀王安石變法，其失敗的原因不在於改革的初衷不好，也不在於改革家王安石本人缺乏魄力——王安石不乏魄力，而且道德操守有口皆碑。變法失敗最根本的原因，在於帝國體制缺乏支持改革良性推進的技術手段。仍以「青苗法」為例，若有類似於現代銀行這樣的機構來經營放貸收貸之類的經濟活動，官府和官僚退出「賽場」，只當好裁判和「守夜人」的角色，我想，王

安石變法的結果肯定會大不一樣。可見，辦事情僅有好心是不夠的，「好心」之外，我們還需要有能配合好心的技術手段。如果沒有良好的技術手段來配合，一廂情願的「好心」其實是最容易辦壞事的。

紙眉批

一個傳媒人的讀史心得

第十一章

忠奸之謎如何破解

　　李陵的故事對很多人來說並不陌生。李陵是漢代飛將軍李廣的孫子，大約是因為遺傳的原因，李陵「善射，愛士卒」，曾帶領著八百騎兵，「嘗深入匈奴二千餘里，過居延視地形，無所見虜而還。」不久，「拜為騎都尉，將丹陽楚人五千，教射酒泉、張掖以屯衛胡，數歲。」可見，李陵是個難得的將才。天漢二年（西元前99年）秋，漢武帝劉徹派貳師將軍李廣利帶領三萬騎兵攻打匈奴，嫉賢妒能的李廣利不讓李陵帶兵打仗，卻讓他管理後勤輜重。報國心切的李陵遂直接向漢武帝請命，「願以少擊眾，步兵五千人涉單于庭」。於是，他帶著五千弓箭手「出居延北千餘里」，在濬稽山與匈奴遭遇。單于以八萬騎兵圍攻李陵的五千步兵，李陵寡不敵眾，且戰且退，堅持了八天，退到了離居延不到百里的地方，可是李廣利的援軍仍未趕到。「陵食乏而救兵不到，虜急擊，招降陵。陵曰：『無面目報陛下。』遂降匈奴。」

　　從軍事的角度來看，李陵實在是一位難得的將才，以五千步兵抗擊匈奴騎兵八萬人近十天，「殺傷匈奴亦萬餘人」，濬稽山之戰可謂雖敗猶榮。事實上，李陵的驍勇亦贏得了對手的尊重，「單于既得陵，素聞其家聲，及戰又壯，乃以其女妻陵而貴之。」也就是說，李陵成了單于的女婿，地位十分尊貴。

　　可是，漢武帝劉徹對李陵的投降之舉非常惱火，遂「族陵母妻子」——把李陵的老母、妻子、兒女都給殺了。著名的史學家司馬遷因為替李陵說了幾句話就被漢武帝下獄，最後施以宮刑。這便是歷史上有名的李陵事件。

李陵事件之所以一直讓後人念念不忘，我覺得絕不僅僅是因為漢武帝的做法太殘暴了，更在於這裏面涉及到了對「忠」這一價值觀的不同讀解。而對「忠」的不同理解構成了一種幾乎恆定的價值衝突，貫穿整個中國歷史的始終。這種衝突不僅在思想層面上困擾過很多人，而且在實踐層面上也釀造了不少悲劇。鑒於此，我姑且稱之「李陵困局」。

漢武帝劉徹理解的「忠」與李陵理解的「忠」顯然是不一樣的。漢武帝理解的「忠」很簡單：你既然是漢將，就應該為漢朝作戰，作戰失敗了，你就應該戰死；戰死了，殺身成仁，你就是烈士，你的家人就是烈屬，我會給烈士以榮譽，給烈屬以撫恤。相反，如果你戰敗投降，那就是背叛了朝廷，你對朝廷不仁，我就對你不義，所以，「族陵母妻子」也是情理之中的事。李陵理解的「忠」要複雜得多深刻得多。按司馬遷的解釋，李陵之所以投降匈奴，是在不得以情況下的一種保全之策，目的是為了以後尋找機會繼續報效大漢王朝，有忍辱負重的意思在裏面。我比較認同司馬遷的解釋，作為一代名將，李陵作戰勇敢，絕不是貪生怕死之徒，戰死疆場或戰敗自殺對他來說並不是一件多麼難的事。他之所以選擇活下來，就是因為心有不甘，想著日後翻盤，一來以雪自己當年戰敗之恥，二來以報君王的信任之恩。據《漢書》記載，李陵後來對蘇武說：「假如漢朝當時能寬恕我的兵敗之罪，保全我老母，給我以洗雪恥辱的機會，我也許能像古人曹沫那樣，逼迫敵人簽下和平條約，這是李陵日夜不敢忘記的。可是漢朝將我一家滿門抄斬，我還有什麼牽掛呢？這些話已經沒什麼實際意義了，說出來不過是希望您理解我罷了。」

實際上，投降匈奴之後的李陵並沒有「掉轉槍口」帶兵攻打漢朝，沒有做任何對不起漢朝的事。他在匈奴二十多年的歲月裏都是在消極度日，他以一種與單于「不合作」的態度來寄託自己的家國情懷。漢武帝屠殺他全家一事成了李陵心中永遠的痛，他本想報國，可「國」已視他為敵；他本想尋找機會回家，可家已

被徹底毀掉。無家可回，有國卻又不能報，家仇與國恨的對立深深地糾纏著李陵。滅族之痛讓他失去了對漢朝的歸屬感。史書記載，李陵曾在送別蘇武的宴會上起舞而歌：「徑萬里兮度沙幕，為君將兮奮匈奴。路窮絕兮矢刃催，士眾滅兮名已隤。老母已死，雖欲報恩將安歸！」

一句話，如果不是漢武帝株連無辜，屠殺李陵全家，李陵對漢朝的歸屬感就不會喪失，他再次為漢朝效力的機會就依然存在。可惜的是，漢武帝非但不信任李陵，反而認為李陵之舉讓「朕」很沒面子，遂視他為敵人，並遷怒於他的家人。由此可見，下屬要與上司取得心理默契是一件多麼難的事呀。有時你以為你是在「為工作考慮」，「也是替領導分憂」，「是幫忙」，可人家上司偏偏就認為你是在「找碴」，是在「添亂」，你能奈何？

李陵事件所揭示的核心問題是：在必敗的戰局面前，作將軍的難道就只能殺身成仁嗎？難道就只有「以死謝君王」這一條路可走嗎？難道就只有戰死才算「忠」嗎？難道做戰俘就是「大逆」了嗎？

顯然不是。孟子就說：「可以死，可以無死，死，傷勇。」意思是說，生命是極其可貴的，在可以死也可以不死的情況下應該儘量不死，這時如果去死，反而是對勇敢品格的一種傷害。可見，即便是在戰敗的情況下，個人也還是有選擇空間的，以身殉職當然是一種選擇，是「忠」的一種表現，而戰敗被俘也是一種合理選擇，並不就是「大逆」。這兩種選擇都是成立的。這一點可以通過屈突通的故事來說明。屈突通原是隋朝的大將，鎮守山西永濟。他率兵去救京師長安，被唐高祖派兵圍困。唐軍派他的家僮去勸降，屈突通不肯降，把家僮殺了；唐軍又派他的兒子去勸降，他仍不肯降，還用箭射他兒子，說：「以前我和你是父子，從今以後咱們就是敵人了！」後來，京師陷落。唐軍再去勸降，曲突通就投降了。投降之前，他下馬向著東南方向磕頭大

哭，說：「我已經盡了全力，可還是打敗了，我對得起你皇帝了！」後來，唐太宗李世民命人在凌煙閣畫二十四功臣像，屈突通的畫像就是其中之一。屈突通當然是忠臣，不過他還有比普通忠臣更值得嘉許的地方，那就是他對「忠」的理解極其到位：「我已經盡了全力……我對得起你皇帝了！」軍人對自己的國家和君王盡了全力，這也就是盡忠了，至於他是不是去死，原本就不是衡量「忠」與「不忠」的唯一標準。

有關「忠」在價值觀層面上引起的困惑至此已基本解決。漢武帝劉徹所理解的「忠」是狹隘的，偏頗的。他只知道戰死疆場是「忠」，卻不知道，臨難不死在很多時候也是「忠」；他只知道前方將士的「以身殉職」會讓君王「臉上有光」，卻不願意承認，在死亦於大局無補的情況下，選擇不死是將士們天然的權利。一句話，「勝敗乃兵家之常事」，在全力拼殺仍不能避免敗局的情況下，將士們是選擇死還是選擇生，這應該是他們個人自由選擇的事，別人無權再對他們的選擇橫加干涉。正是基於這種理念，現代的國際社會制定了戰爭法，不允許虐待戰俘，戰俘回國後也應得到足夠的尊重。在伊拉克戰爭中，美國女兵潔西嘉‧林奇被俘，然後又被美國特種部隊救出，她和她的家人受到了美國各界的關懷，她的傳奇故事還被拍成了電影。我們不得不承認，這才是一種讓人心生溫暖的人道行為。拿它與漢武帝屠殺李陵全家的行為相比，二者高下立判。

要求軍人為國盡忠沒有任何的錯誤，但同時國家也必須珍惜將士的生命。當毅然決然地踏上戰場的時候，將士已經將生死置之度外；當奮力拼殺的時候，他們已經為國家盡忠了。他們已經盡了全力，他們的付出已經足夠。我們還有什麼理由要求他們在戰敗之時必須馬革裹屍、殺身成仁？

如果非要尋找理由，我認為理由只有一個：面子——專制獨裁者的面子，以及似是而非的國家面子。為了自己面子上好看，就不惜讓別人去做烈士，這實在是一件非常划算的事。所以，歷

代的專制獨裁者都喜歡幹這種事。漢武帝自然是希望李陵戰死的，因為那樣他就「很有面子」──「看，將士們是多麼忠於我呀！」即使到了近代，和漢武帝劉徹的想法一致的人依然存在，蔣介石就是其中的一位。

李敖就說蔣介石有一個「文天祥情結」，就是總希望自己的將領學習文天祥，能以身殉國。1947年4月，蔣介石集合前方高級將領到南京受訓，在開學典禮上，他明確要求軍人應有殺身成仁的精神，一旦戰敗被俘，「只有自殺」才能解決這「人生最可恥的事情」。在淮海戰役中，他更是時時處處暗示高級將領要以身殉職，「為黨國盡忠」。宋希濂在自己的回憶錄中談到，他到淮海戰場之前，蔣介石請他吃飯，飯後放映了一部《文天祥》的電影片，暗示宋希濂要學習文天祥，在關鍵的時刻殺身成仁。杜聿明是蔣介石的嫡系將領，在被派往前線之前，蔣介石「表情沉痛」地告訴他：這一戰是生死存亡之戰，「你放下槍，我脫軍裝！」師生之情溢於言表。有感於此，杜聿明在被圍困之際拒絕投降，最後下令軍隊突圍。以當時的戰況而論，杜聿明的部隊已被圍困多日，糧食斷絕，士兵只能殺掉戰馬，吃馬肉，馬肉吃完了就只能吃草根、樹皮，部隊的戰鬥力已然喪失。仗打到這個份兒上，按說杜聿明已經為蔣介石「盡了全力」，對得起蔣介石了。可是，因為杜聿明最後仍然兵敗被俘，被俘後又沒有自殺，沒有達到蔣介石所要求的殺身成仁的標準，所以，蔣介石就惡毒地對待杜聿明的家人以示懲罰，其思路與當年的漢武帝如出一轍。杜聿明的夫人曹秀清被蔣介石扣為人質，帶到臺灣，過著非常悲苦的生活。杜聿明的長子杜致仁在氣憤之下自殺而死。幸好，杜夫人生了個優秀的女兒杜致禮，杜致禮嫁給了一個更優秀的人物──楊振寧。1957年，楊振寧和李政道一起獲得了諾貝爾物理學獎。這個時候，蔣介石和宋美齡又對杜夫人一家大獻殷勤，目的是通過杜夫人曹秀清勸說楊振寧回臺灣，「為黨國效力」。杜夫人將計就計，以勸說女婿楊振寧之名去了美國。通過

女婿楊振寧，曹秀清與丈夫杜聿明取得了聯繫。後來經過周恩來總理的精心安排，曹秀清於1963年6月回到北京，和杜聿明夫妻團聚。

杜聿明一家當然要比李陵一家幸運一些，可是，在他們的對手一面，蔣介石對待部將及部將家人的做法，比漢武帝高明不了多少。在整體思路上，蔣介石和漢武帝是一脈相承的。歷史躍進了兩千多年，而蔣介石的思維還停留在漢武帝的水準上，這看似不可理喻，可實際情形就是如此。

其實，這也沒什麼不好理解的，因為蔣介石和漢武帝都是專制獨裁者。專制獨裁者從來就不惜以他人的苦難來做自己的精神面膜；專制獨裁者從來就不惜以他人的屍骨來裝飾自己的權力基座；專制獨裁者從來就不惜犧牲他人的血肉之軀以成全所謂的忠孝牌位。我想，這便是破解李陵困局的最佳定律。

殊途同歸三詩人

　　安史之亂爆發的時候，大詩人李白正奔走在前往廬山的路上。他經宣城，走當塗，過溧陽，輾轉來到了廬山，在屏風疊隱居了起來。他在詩中寫道：「有策不敢犯龍鱗，竄身南國避胡塵」，「吾非濟代人，且隱屏風疊」。意思是說，自己現在無職無權，報國無門，似乎也只有隱居避亂的份兒了。

　　李白此時五十五歲，青春早已逝去，壯志豪情亦有所減弱。深受道家思想影響的他一度設想，外面雖然烽火連天，但廬山畢竟還是清靜之地，自己不妨在此修道成仙。

　　詩人的設想常常會被殘酷的現實所打斷。這一次也不例外。

　　當時，大唐王朝正陷入戰亂的烽煙之中。安祿山從范陽起兵，下博陵，至槀城，渡黃河，攻靈昌，陷洛陽，直指長安。唐玄宗帶著楊貴妃倉皇出走，逃往四川，行至馬嵬坡，禁軍嘩變，殺死楊國忠，並要求唐玄宗處死楊貴妃。「六軍不發無奈何」，唐玄宗只得令楊貴妃自縊。這便是歷史上有名的馬嵬坡事件。唐玄宗逃走之後，在朝裏收拾爛攤子的是太子李亨，他後來在甘肅靈武稱帝，就是唐肅宗。

　　唐玄宗在出逃四川的途中曾下詔，以李亨為天下兵馬大元帥，負責平定叛軍，收復兩京，同時命令永王李璘在南方參與平叛。李璘以討伐叛軍為名，在江淮地區招募軍隊，收取租稅，意在與李亨爭奪皇位。李璘率領軍隊沿江東下，在經過廬山的時候，他得知大詩人李白正在山上隱居，就極力邀請李白加入到自己的帳下。

李白以為這是一次為國效力的機會，就投到永王李璘的帳下，做了幕僚。他自信地寫道：「但用東山謝安石，為君談笑靜胡沙。」可是他哪裏知道，李亨、李璘兄弟之間早已勢如水火。很快，永王李璘兵敗被殺，而李白也因為是「永王的人」而獲罪下獄。這個時候，李白成了大政治犯。朝廷中的很多人主張將李白處死，據說，大將郭子儀在唐肅宗李亨面前求情才使李白得免死罪。免死之後，李白被流放夜郎（今貴州桐梓一帶）。在流放的途中，他遇到了大赦。原來，乾元二年（西元759年），關中發生了大旱，朝廷大赦天下，所有囚徒，死刑改為流放，流放以下罪名全免。遇赦之後，李白心情大好，剛走到四川奉節的他趕緊調頭東下，到江陵後他又寫下了一首傳唱千載的詩篇〈早發白帝城〉：「朝辭白帝彩雲間，千里江陵一日還。兩岸猿聲啼不住，輕舟已過萬重山。」

詩雖然寫得明快奔放，可詩人已經老了。三年後，貧病交加的李白在安徽當塗李陽冰的家中病逝，一代詩仙客死他鄉。

與李白相比，杜甫在安史之亂中的選擇則顯得在政治上無比正確。安史之亂爆發後，杜甫選擇和最普通的人民一起經受苦難。在長安陷落之前，他和難民一起踏上了逃亡之路。途中，杜甫受盡磨難，後來又被叛軍捉住，押回了長安。看著京城的殘破，他痛心疾首，寫下了那首著名的詩〈春望〉：「國破山河在，城春草木深。感時花濺淚，恨別鳥驚心。烽火連三月，家書抵萬金。白頭搔更短，渾欲不勝簪。」

杜甫後來伺機逃離了長安，再次去追尋官軍。歷盡艱辛之後，他到了陝西鳳翔，在那裏見到了唐肅宗李亨。李亨為了獎賞他的忠心，封他為左拾遺。可是善於寫詩的杜甫並不善於當官，結果他上任不久就因捲入派系爭鬥而被貶官。此後，他乾脆棄官，帶著全家走上了四處流浪、顛沛流離的道路。在這個過程中，杜甫對人民所遭受的苦難有了更深刻的認識，用詩歌記錄下

了唐朝由盛轉衰的歷史，他的詩因此被稱為「詩史」，而他本人也被稱為「詩聖」。

王維在安史之亂中的道路選擇又與杜甫不同。杜甫在戰亂中堅定地追隨官軍，尋找官軍，始終站穩政治立場，儘管為此吃了很多苦。可王維就沒這麼幸運了。王維，字摩詰，與李白同齡（均出生於701年），自幼聰穎，九歲時便能寫詩，而且工於書法，嫻於音律，擅長繪畫，是個多才多藝的才子。他在青年時就已名動京城，得到皇族諸王的敬重。安史之亂爆發時，王維早已是名滿天下的大詩人了。長安被叛軍攻陷後，他追隨唐玄宗不及，被安祿山所獲。被俘後，他曾吃藥取痢，假稱患病，以逃避麻煩。但因為詩名太大，安祿山派人將他送到洛陽。威逼之下，王維當了安祿山的給事中。出任「偽職」在政治上顯然屬於失節之舉。所以，待唐朝的官軍收復長安、洛陽兩京後，王維和眾多「陷賊之官」一起獲罪，被關進了監獄。幸好有人替他求情，再加上他的弟弟王縉請求削己官職以贖其兄之死罪，唐肅宗李亨這才原諒了王維。

王維早年就是一個虔誠的佛教信徒，安史之亂之後，他更是心向空門，吃齋奉佛，不問政事，「退朝之後，焚香獨坐，以禪誦為事」。他寫詩道：「一生幾許傷心事，不向空門何處消」，「晚年惟好靜，萬事不關心」。因為崇奉佛教，王維所作的詩和畫都極具禪意，蘇軾對他的評價是：「摩詰之詩，詩中有畫；摩詰之畫，畫中有詩。」王維本人由此被後人稱為「詩佛」。

李白、杜甫、王維，一位是詩仙，一位是詩聖，一位是詩佛，全是唐朝大名鼎鼎的詩人。可是，三個人在安史之亂時所選擇的政治道路卻大相徑庭。李白在骨子裏信奉的是道家思想，他在戰亂之中首先選擇了隱居，可是他又有建功立業的強烈願望，所以後來投靠了永王李璘，並因此遭受入獄、流放等政治打擊。杜甫是儒家信徒，在戰亂來臨時，他選擇與普通百姓一起承受苦難，同時在政治上堅守節操。王維信佛，「隨緣度歲月」，被迫

任「偽職」也好，事後被追究也罷，對他來說都成了「無可無不可」的事——他的心思本來就沒放在亂糟糟的政治上。

但是，這三位詩人又殊途同歸。在烽火連天的戰亂歲月，道家詩人浪漫的設想，儒家詩人艱苦的作為，以及佛家詩人的「隨遇而安」，全都不能左右時局——反倒是他們自己的命運被戰亂深深地影響了。在戰亂的裹脅之下，不管如何選擇，等待三位詩人的其實都是苦難。另一方面，在安史之亂的刀光劍影黯淡了之後，在影響過三位詩人命運的李亨、李璘、安祿山等人被歲月的風塵遮蔽之後，在曾經的政治是非被歷史的長河洗滌得發白之後，李白、杜甫、王維這三位偉大的詩人卻永遠地活在了人們的心中。他們雄踞詩歌藝術的巔峰之上，握手言歡；而他們的詩篇更是穿越千年，被人們反覆吟詠。

或許，歷史本來就這樣：攻城掠地的從來都是兵戈，而征服人心的卻只能是文化藝術；兵戈因屠殺而生銹、腐爛，而文化藝術卻因啟迪心智而熠熠生輝，永載史冊。

第十三章

宋代的科舉弊端

　　在科舉制度演變的過程中，宋代是一個值得關注的時期。在宋之前，科舉一直是一種先進的選拔人才的制度。與漢代的察舉制相比，科舉制有顯而易見的公正性，它有利於破除門閥體系，具有反對血統論的意味。以公平、公正、公開的考試方式來選拔人才，是科舉制度最傑出的歷史貢獻，這一點，無論如何都不能抹殺。但是，我們必須明白，一項好的制度猶如一塊肥沃、富饒的土地，如果「開發」過度，它就會「水土流失」，就會「沙化」，並最終演變成像鹽鹼灘一樣的不毛之地。用今人的語言來表述，宋朝對科舉制度的破壞性「開發」主要有以下幾項：擴招、計畫錄取、圈點考試範圍。

　　先說擴招，宋朝選士比唐朝要氾濫得多，唐朝每屆僅取進士三、四十人，宋朝則動輒「錄取」四、五百人，是唐朝的十多倍。比如北宋咸平三年（西元1000年），宋朝即取進士四百零九名，加上其他諸科一千一百一十二名，共計一千五百二十一名。擴招在當時滿足了一些讀書人獲取功名的願望，可是卻降低了「門檻」，降低了質量。更嚴重的是，招收了如此多的「人才」，讓他們如何就業呢？在封建社會，讀書的目的就是要升官發財，所以朝廷就只好增加官位，好讓「士子」就業，於是，宋朝就出現了臃腫的官僚機構和官僚隊伍。臃腫的官僚機構和大量的冗官耗費大量的費用，所以，宋朝儘管商業還算發達，但財政壓力一直很重。同時，臃腫的官僚機構和大量無所事事的「冗官」必然導致相互扯皮，內耗嚴重，效率低下，腐敗和派系紛爭更是不可避免。還是以數字來說明，唐朝的中央政府官員

多的時候達到過兩千多人，唐太宗銳意改革，一下子就將其減至六百三十四人。宋仁宗時期，宋朝的中央官員超過了一萬七千人。

宋朝的計畫錄取係指它的「逐路取士」。到了宋朝，中國的經濟重心已經開始南移了，各地的經濟發展和教育水平的不均衡現象也已經出現。這種狀況影響到科舉制度，就發生了歐陽修和司馬光關於是「唯才是舉」還是「逐路取士」的爭論。歐陽修主張按統一標準對待全國各地考生，即「唯才是舉」，類似於「全國一條分數線」；而司馬光認為，應該照顧到各地經濟發展和教育水平的差異，將全國的錄取名額分配給各個地區，「逐路取士」，這類似於現在的「各省單獨劃線」。王安石變法失敗之後，司馬光「主政」，「逐路取士」的原則得到了貫徹，並一直被後人繼承。「逐路取士」的好處是照顧了地區間的現實差異，但弊端也極其嚴重，那就是在相當大的程度上破壞了考試的公正性，而且還直接誘發了舉子「冒籍」的行為。所謂冒籍，其實就是古代的「高考移民」（最近兩年，「高考移民」現象頗受媒體關注，其實，此事古已有之）。因考中進士的誘惑極大，為了確保考中，教育發達地區的考生通過種種途徑，冒各種風險，將自己的戶籍改到教育欠發達地區。為了對付「冒籍」應試，宋以後的各朝各代想了很多辦法，制定了許多極為嚴厲的處罰措施，但都沒有杜絕這種現象。濟南在清朝時出過一個狀元陳冕，他考狀元時用的就是「北京籍」，相當於今天的山東考生「移民」到北京去參加高考。

至於圈定考試範圍，就是宋朝通過考試改革，改原來的考詞賦為考經義。評判詩詞歌賦的好與壞，帶有強烈的主觀性，往往缺乏統一的標準，而考經義則容易評判。這其實是以考官為本位做出的一廂情願的命題思路，即，命題首先要考慮的就是如何方便閱卷打分，至於這種考法是否符合考生的實際，是否照顧到了人才的多樣性，是否壓制了一些考生的個性，是否有利於真正的人才脫穎而出，實現選拔效用的最大化……這些都是次要的問題

——能照顧到就照顧到，照顧不到也就算了。這樣的命題思路其實早在宋朝就顯示出了它的弊端。王安石最初是主張考經義的，他實行變法，也想通過考經義來選拔「經天緯地」之才，可是，改考經義後得不償失，就選拔人才的質量而論，考經義反不如考詞賦。這一點，就連王安石都為之慨歎，說「本欲變學究為秀才」，不料「反變秀才為學究」了。

其實，這裏的道理並不難。讓一直躲在書齋、沒有「實際工作經驗」的舉子們議論「治國安邦」之策，他們除了闡發（甚至就是照抄、照搬）先賢的遺訓之外，能說出什麼切中肯綮的宏論？可惜，宋朝的這一教訓並沒有被後人汲取，後世一直延續考經義的路子，直到現在，各省的高考作文也依然明確規定「不能寫成詩歌」。不讓寫詩歌，卻非常鼓勵寫議論文，尤其是最近幾年高考中所出的「話題作文」，更是誘惑考生對「宏觀話題」發議論。「沒有調查就沒有發言權」，考生們本來就「閱世不深」，對複雜的社會缺乏切身感受，可考試的時候卻非要求他們對國家和社會的「宏觀問題」發表意見，他們除了人云亦云，說一些「放之四海而皆準」的充滿玄學色彩的空話、套話，又能怎麼辦？

故

紙眉批

一個傳媒人的讀史心得

第一輯　歷史現象的明與暗

第十四章

荒唐的「新生活運動」

　　黃仁宇先生在《赫遜河畔談中國歷史》一書中反覆申明：在歷史上，統治者若干次地面臨著「技術問題」，即如何通過「制度創新」來給國家注入新的活力。可惜的是，面對內憂外患的局面，統治者缺乏足夠的智慧。他們解決不了「技術問題」，就揪住道德做文章，企圖通過對民眾實施道德教化來轉移社會矛盾。這種掩耳盜鈴的做法當然是要失敗的。十二世紀至十三世紀的宋朝就是這樣：一個龐大而沒有特長的官僚機構根本就掌握不了一個日趨繁複的社會，在財政紊亂已經非常嚴重的情況下，統治者特別需要破除成規，以新的制度設計和技術手段來應對新的問題。可惜的是，即便是像朱熹這樣的「高人」也不強調「技術問題」，反倒要在半是道德半是哲學的領域裏下起了功夫，搞出了個「理學」。這誠可謂「歷史的誤會」！

　　可悲的是，要讓後人徹底地吸取「歷史教訓」不是一件容易的事。到了二十世紀三十年代，蔣介石國民黨就沒有吸取宋朝的歷史教訓，再次上演一場「歷史的誤會」——這就是荒唐的「新生活運動」。

　　1934年，在對中國工農紅軍發動軍事「圍剿」和在國民黨統治區實行文化「圍剿」的同時，國民黨在江西南昌發起了「新生活運動」。關於發動「新生活運動」的動機，一般認為有以下幾個因素：其一，蔣介石為了貫徹其對付工農紅軍的「七分政治、三分軍事」的理念，推動「新生活運動」，以思想上的主張來配合政治上、軍事上的行動；其二，蔣介石、宋美齡夫婦決心剷除貪污、受賄、不衛生和無禮貌等劣根；其三，也有人認為，

宋美齡乃「新生活運動」的源頭活水。1933年盛夏，宋美齡在廬山牯嶺避暑時，與一批美國傳教士討論中國國情。傳教士們說，國民黨南京政府要獲得外國政府的支持，就必須在國內實施「新政」，使外國政府和旅華外人對國民黨政府有好印象。宋美齡向蔣介石轉述了傳教士們的觀點，蔣表示同意，遂發起了旨在改造社會道德與國民精神的「新生活運動」。

總之，1934年2月19日，蔣介石在南昌行營舉行的擴大總理紀念周上，發表了題為「新生活運動之要義」的演講，宣佈「新生活運動」開始。隨後，「新生活運動」促進會在南昌成立，蔣自任會長，7月1日改組為「新生活運動促進總會」，宋美齡任婦女委員會指導長，並成為新生活運動的實際推動者。「新生活運動」企圖重整道德、改變社會風氣。蔣氏夫婦倡導：一、以禮、義、廉、恥為基本準則，教育百姓要講究秩序，服從管理，不犯上作亂；二、從改造國民的日常生活做起，規定了若干生活細節。如要拔上鞋跟，扣齊紐扣、走路要胸部挺起、鄰里要和睦等；三、以整齊、清潔、簡單、樸素、迅速、確實為標準，在「一個政府、一個主義、一個領袖」之下，絕對統一，絕對團結，絕對服從命令；四、以生活藝術化、生產化、軍事化（特別是軍事化）為目標，準備隨時「為國捐軀」、「盡忠報國」。光從字面上看，「新生活運動」的主張似乎也可以接受，可問題的關鍵就在於，蔣氏夫婦要用封建的倫理綱常來控制人民的思想、言論和行動，用對民眾生活細節的要求來轉移人民對政治腐敗、軍事無能、財政危機、思想文化鉗制的不滿。

「新生活運動」在細節上或有可取之處，但這無法掩蓋它在總體方向上的錯誤：從根本上，它是與五四新文化運動所倡導的民主與科學的精神背道而馳的。正如胡適先生所說，「五四」運動最偉大的意義就是「人的發現」。它是一場自覺地把個人從傳統力量的束縛中解放出來的運動，它是一場以科學對抗愚昧、以民主對抗專制、以自由對抗桎梏，從而張揚生命，提升「人」的

價值的運動。而「新生活運動」恰恰相反，它要以「一個政府、一個主義、一個領袖」為藉口剝奪個人的權利，壓制民主、自由和個性，從而將人重新導向「奴役之路」。正因為「新生活運動」是對五四思想啟蒙的一場反動，所以它最終被人們唾棄、遭受失敗也就在情理之中了。

「新生活運動」的荒唐之處還在於：當時的蔣介石國民黨政府所出現的貪污腐敗、軍事無能、財政危機等問題是體制性的，它們需要通過「制度創新」再輔以先進的「技術手段」才有望解決。體制出現了毛病卻用道德來醫治，實在是開錯了藥方。

既然蔣氏夫婦發起的「新生活運動」根本無法收到社會實效，所以只好靠形式主義來維持門面。但是，過多的形式主義愈加使人們看透了國民黨自欺欺人的虛偽本質，愈加使人民厭倦所謂的「新生活運動」。到了最後，「新生活運動」變成了一場全國性的笑話。外交家顧維鈞的第三任妻子黃蕙蘭在其回憶錄中說，中國駐外人員常有外遇而導致婚變，故在抗戰前的外交界戲稱「新生活運動」（New Life Movement）為「新妻子運動」（New Wife Movement）。

對於「新生活運動」，馮玉祥將軍也批評說：「這十幾年來，年年到了新生活紀念日都要開會的，有好多次找我去講話。其實，新生活是說著騙人的，比如新生活不准打牌，但只有聽見說蔣介石來了，才把麻將牌收到抽屜裏，表示出一種很守規矩的樣子；聽見說蔣介石走了，馬上就打起麻將來……又如新生活不准大吃大喝，普通人吃一桌飯只許花八塊錢，蔣介石左右的大官吃一桌飯約六十元，總是燕窩席、魚翅席。不但大官是這樣奢侈，大官的女人、奴才也是這樣。……這些違反所謂新生活的故事，若是發生在離蔣介石遠的小官身上，蔣介石也可以裝不知道，而這些事都是發生在離蔣介石很近的文武大官身上，這還能裝不知道嗎？」馮玉祥還說：「……那些書的名字，什麼新生活與軍事、新生活與政治、新生活與這個與那個，幾十個名堂，事

實證明是什麼？政治是腐敗的，軍事是無能到了極點，經濟是貪污到了極點，文化是摧毀到了極點。」

蔣介石、宋美齡夫婦最初也是把「新生活運動」當做「一件大事」來抓的。他們的用心不可謂不良苦，他們花費的氣力也不可謂不大，可是，由於他們倡導這個活動在總體思路上是錯誤的，所以註定要失敗。通過「新生活運動」，我們可以得出這樣一個較普遍的規律：當統治者、管理者無能，不能在「制度創新」和「技術手段」上有所作為的時候，他們就會抓住「道德」這根最後的救命稻草，以為憑藉「道德教化」這一手棋就可以「挽狂瀾於既倒」了。其實，這是極其愚蠢的。對一個社會而言，道德的功能從來就是「錦上添花」而非「雪中送炭」。面對體制缺欠、吏治腐敗、技術落後等導致的社會矛盾和社會問題，道德是無力拯救的。企圖通過「道德整肅」，「一攬子」解決紛繁複雜的體制性、技術性難題，那簡直是癡人說夢。

「剃髮易服令」與明末思想家

　　明朝從嘉靖皇帝煉丹到崇禎皇帝上吊的這段歷史，讀起來實在叫人憋氣：皇帝不像皇帝，朝政不像朝政，太監專權，民不聊生。雖然偶爾也出來幾個忠臣（像海瑞、袁崇煥及東林黨諸位君子），可這些「好人」都鬱鬱不得志，有的乾脆就被殘酷地殺害了。我就想，這樣的朝廷如果還不滅亡，那簡直是天理難容！可是，等我讀到明末三大思想家——黃宗羲、顧炎武、王夫之——的有關傳記時，又產生了一個困惑：既然晚明如此腐朽、如此不堪，那麼這三位思想家為何還要參與「反清復明」的活動？難道他們還深深地留戀那個腐朽的明朝嗎？如果真是這樣，那他們豈不是有點「迂」，有點「笨」？

　　繼續閱讀，答案逐漸浮出了水面：問題就出在清軍入關後提出的「剃髮易服」令上。

　　在清軍入關之初，因為晚明政治腐敗，不得民心，北方人幾乎沒怎麼抵抗。順治二年（西元1645年）清軍攻佔南京後，清廷發佈「剃髮易服」令：「各處文武軍民盡令剃髮，倘有不從，以軍法從事。」「遵依者為我國之民，遲疑者同逆命之寇，必置重罪；若規避惜髮，巧辭爭辯，決不輕貸。」這道命令要求地方官員嚴厲執行，對不剃髮者一律「殺無赦」。人們將此概括為「留頭不留髮，留髮不留頭」。同時還不准漢人繼續穿「漢服」，而必須改穿滿族服裝。

　　「剃髮易服」令的發佈遭到了當時漢人的普遍抵制。在今人眼裏，剃不剃頭、留不留辮子實在不算什麼大事，可在當時，這卻是一件關乎「文化傳統」和「民族尊嚴」的大事！多爾袞說實

行剃髮令的目的是「以別順逆」——「因歸順之民，無所分別，故令其剃髮，以別順逆」！實際上，滿人先就把這個問題給「政治化」了，他們把是否「剃頭易服」看成了是否歸順的象徵，「剃頭易服」者為順民，反之則為逆民。可在漢人眼裏，「身體髮膚，受之父母」，豈能說剃就剃？而且，我們的「漢服」也穿了一千多年了，這文化傳統怎麼能說斷就斷？這不明擺著欺負人嗎？所以，自清廷「剃髮易服」令發佈之後，漢族地區人心大嘩，紛紛起來進行武裝鬥爭，清廷隨之進行了殘酷鎮壓。清軍製造的「嘉定三屠」、「揚州十日」等慘劇就是在這種大背景下發生的。

究其實質，清廷推行「剃髮易服」令直接觸動了漢人的文化認同。頭式和服裝是漢人最日常的生活方式，也是最直接的文化符號。清之前，從來沒有哪一個王朝在改朝換代時干涉過普通百姓的生活方式——他們要搶的是江山，根本沒必要對普通百姓的頭髮和服飾動手動腳。驍勇的蒙古人入主中原時，他們的生活方式當然也與漢人迥異，可他們也聽任漢人按原來的方式過自己的日子，並未強迫漢人更改髮式和服裝。與之相比，清廷發佈的「剃髮易服」令就顯得十分粗暴。更重要的是，「剃髮易服」令中還暗示著滅亡漢人文化的政治企圖。如果接受「留頭不留髮，留髮不留頭」的強迫選擇，就意味著漢人不但接受了「亡國」的現實，還要默認即將到來的「滅種」的可能。正因如此，「剃髮易服」令才在江南遭到了強烈的抵抗，黃宗羲、顧炎武、王夫之這三位思想家正是在這個大背景下參與「反清復明」運動的。他們之所以參與「反清復明」活動，並不意味著他們留戀腐朽的晚明朝廷，而是表明了他們對清朝初期推行殘酷的民族壓迫政策的一種反抗。

「反清復明」的活動最後失敗了，但是，我們必須說，「反清復明」在一定程度上促成了黃宗羲、顧炎武、王夫之等人「民本」思想的成熟和飛躍。經歷過明清交替的亂世之後，黃宗羲猛

烈地抨擊「家天下」的君主專制制度，他明確指出，君主的獨斷專行是造成人民苦難的根源。他深知封建帝制會使中國走進死胡同，所以期盼中國發展成一個由文化精英主持的民主社會，從而變封建帝制為相當程度的地方自治。在他的思想體系中，為天下蒼生謀福祉遠比為一個沒落的朝廷殉道要重要得多。黃宗羲說：「蓋天下之治亂，不在一姓之興亡，而在萬民之憂樂。」他把「萬民之憂樂」置於「一姓之興亡」之上，以天下蒼生的視角而不是以帝王、皇族的視角來考察天下的「治」與「亂」，這顯然具有極大的進步意義。

與黃宗羲對「蒼生福祉」的強調相比，顧炎武的思想就更是對君臣倫理赤裸裸的顛覆。他在亡國之餘，痛定思痛，發現封建的「君臣之倫」有著極大的欺騙性。他在《日知錄》中說：「君臣之分，所繫者在一身；華夷之防，所繫者在天下。」接著，他又將「亡國」與「亡天下」作了區別，說：「易姓改號，謂之亡國。仁義充塞，而至於率獸食人，人將相食，謂之亡天下。」這裏所說的「亡國」，指的是改朝換代，是一個封建統治集團代替另一個封建統治集團；而「亡天下」則是指人類社會的正常秩序被嚴重破壞，致使民不聊生，民族文化瀕臨崩潰。因為「亡國」與「亡天下」不同，所以人們對「保國」與「保天下」的態度也應有別。「保國」實際上是在保衛某個封建王朝，責任應該由統治集團承擔，即「其君其臣肉食者謀之」，而普通百姓不必關心；「保天下」是要保衛本民族的民生福祉和文化傳承，那就應該每個人都承擔責任，即「保天下者，匹夫之賤，與有責焉。」他的這個思想，後來被梁啟超概括為「天下興亡，匹夫有責」八個字，成了今人耳熟能詳的句子。如果不瞭解當時的時代背景，人們對「天下興亡，匹夫有責」的說法雖也認同，但不會有切膚之痛。如果瞭解了當時的時代背景，我們再來看這句話就會有石破天驚之感——原來這裏面飽含著顧炎武的人文情懷和批判精神，堪稱思想瑰寶。

王夫之的境界雖在總體上不如顧炎武和黃宗羲高，但他也同樣提出了「民族大義」應高於「君臣倫理」的思想。總之，明末的三大思想家都從清廷推行「剃髮易服」令的過程中看到了百姓蒼生所遭受的苦難。他們參加「反清復明」運動，表面上看是在為明朝唱一曲輓歌，可實際上，他們的內心深處另有所屬。他們早已跳出了「君臣之倫」的窠臼，他們胸懷天下，心繫蒼生，那種為民請命的精神境界是漆黑歷史歲月中的一盞燈火，一直閃爍到今天。

第十六章

「一山放過一山攔」

在二十世紀五十年代，《自由中國》雜誌在臺灣非常有名，主持這本雜誌的人叫雷震。雷震主持《自由中國》整整十年，在這十年間，《自由中國》宣傳自由，倡言民主，與專制獨裁的國民黨進行思想鬥爭。鬥爭的結果是，蔣介石在1960年把雷震關進了監獄，關了整整十年。這便是當時震驚海內外的「雷震案」。在1961年雷震過六十五歲生日的時候，胡適手書了南宋詩人楊萬里的絕句〈桂源鋪〉贈予雷震：「萬山不許一溪奔，攔得溪聲日夜喧。到得前頭山腳盡，堂堂溪水出前村。」胡適此舉的用意顯而易見，一方面表達了對國民黨打壓言論自由的不滿，另一方面則勉勵雷震，思想自由的溪水終究是攔不住的，「堂堂溪水出前村」的日子終會到來。

由於與「雷震案」發生了牽連，由於胡適在特殊的時期所賦予的特殊寓意，楊萬里的這首〈桂源鋪〉變得更加有名——說起《自由中國》雜誌，談到雷震，人們往往就要引用這首詩。

其實，楊萬里還寫過一首在意境上與〈桂源鋪〉截然相反的詩，這就是〈過松源晨炊漆公店六首〉中的一首：「莫言下嶺便無難，賺得行人空喜歡。正入萬山圈子裏，一山放過一山攔。」

乍一看，這兩首詩格調迥異，前者「堂堂溪水出前村」充滿豪情，後者「一山放過一山攔」則不免悲壯。可是，如果我們把這兩首詩合起來體會，就會感到恰到好處。在人生陷入困頓的時刻，吟詠「堂堂溪水出前村」可以自壯自勉；而在人生得意之時，品讀「一山放過一山攔」則可自省自查。前者讓人不要垂頭喪氣，後者讓人不要得意忘形。

對於「堂堂溪水出前村」所寄寓的「革命樂觀主義」情懷，無需贅言，在這裏我只就「一山放過一山攔」略作發揮。

就表面理解，「一山放過一山攔」確實容易給人以悲涼之感。但如果我們拓寬思路，此語同樣可有積極的解讀。那便是，人生也好，事業也罷，從來就不要指望一蹴而就，一定要做長期奮鬥、持久學習、終身進步的準備。否則，你雖然征服了一座大山，但隨時有可能會被另一座大山攔住。

更可怕的是，曾經代表著先進思想和進步勢力的人，也很有可能成為攔在別人繼續前進路上的「大山」。這樣的例子在歷史上是屢見不鮮的。奕訢就是一個例子。在洋務運動時期，恭親王奕訢代表著進步勢力，他力排眾議，支持洋務運動。可是，到了康有為、梁啟超等人發動戊戌變法的時候，奕訢卻成了保守勢力中的一員。在戊戌變法中，康有為、梁啟超等人策劃、起草過十二道新政詔書，準備通過光緒皇帝頒行，但是被奕訢阻撓，他反對民權平等學說和君主立憲的主張。曾經被「大山」阻攔過的人此時自己也成了攔在別人前進路上的「大山」。同樣的情形也發生在康有為身上，在戊戌變法前後，康有為無疑是時代的先知，代表著中國進步的勢力，那時，攔在他前面的是以慈禧太后為首的保守勢力。可是，當孫中山領導革命，要推翻清朝時，康有為卻變得保守，時時喊著「保皇」，曾經的先知變成了落伍者。這就是中國歷史上一再發生的「一山放過一山攔」的活生生的現象。克服過無數障礙，攀越過一座又一座「大山」的人，當他站到高處的時候，他本人極有可能變成另一座「大山」，阻礙後人繼續前行。

這就告訴人們，不要輕易地把所有美好的希望都寄託在某個人或某些人（團體）身上，哪怕這個人或這些人曾經無比輝煌。事業的發展只能靠我們自己一步一步地去奮鬥，社會的進步則要靠一代又一代人以接力賽的方式去實現。

第十七章

選擇合作者的智慧

　　文幼章（1898-1988）是加拿大的一位傳教士，他出生在中國的四川，十二歲的時候回到加拿大讀書，1925年的時候又來到中國，長期在四川傳教和教書，很有聲望。1934年，蔣介石和宋美齡在江西南昌發起了「新生活運動」，企圖重整道德、改變社會風氣。這項運動先在江西發動，隨後推向全國。1939年，蔣氏夫婦到四川抓新生活運動，他們要物色一個熟悉四川情況、有一定社會聲望的外國傳教士當顧問，當地的基督教組織推薦了文幼章。於是，文幼章受到了蔣介石的召見並被聘為「新生活運動」的顧問。

　　「新生活運動」的具體內容大體包括以下幾個方面：一、以禮、義、廉、恥為基本準則，教育百姓要講究秩序，服從管理，不犯上作亂；二、從改造國民的日常生活做起，規定了若干生活細節。如要拔上鞋跟、扣齊紐扣、走路要胸部挺起、鄰里要和睦等；三、以整齊、清潔、簡單、樸素、迅速、確實為標準，在「一個政府、一個主義、一個領袖」之下，絕對統一，絕對團結，絕對服從命令；四、以生活藝術化、生產化、軍事化（特別是軍事化）為目標，準備隨時「為國捐軀」、「盡忠報國」。作為基督教傳教士和漢學家，文幼章對改造當時中國頹廢的社會風氣、重建良好的道德規範有相當的認同。基於這個原因，他接受了「新生活運動」顧問的頭銜，開始了他與蔣氏夫婦的合作。

　　可是，隨著「新生活運動」的不斷發展，文幼章發現問題遠不是他想像得那麼簡單。光從表面上看，「新生活運動」的主張似乎是好的，可在實踐操作的過程中，蔣氏夫婦是要用封建

的倫理綱常來控制人民的思想、言論和行動，用對民眾生活細節的要求來轉移人民對國民黨政治腐敗、軍事無能、財政危機、文化鉗制的不滿。更關鍵的是，蔣介石還在「新生活運動」的各級領導人中間安插特務，並以「新生活運動」的名義打擊中國的民主力量和言論自由。文幼章認識到：自己選擇與蔣介石合作、擔任「新生活運動」顧問的做法實在是一個錯誤。於是，他給宋美齡寫信，批評「新生活運動」，說「這是在搞法西斯主義，毫無價值可言。」1940年，文幼章斷然辭去了「新生活運動」顧問的職務，中斷了他與蔣介石的合作。這之後，文幼章除了繼續教書外，還於1944年秘密接受了美國戰略情報局的任務，在中國搜集情報。

1945年1月，文幼章在重慶的一次記者招待會上結識了周恩來。周恩來向文幼章介紹了中國共產黨的政治主張，並提出建立經常的聯繫，以便讓更多的外國人正確地瞭解中國的情況。文幼章坦率地告訴周恩來：「我還是美國戰略情報局的諜報人員。」周恩來回答：「這個，我們早已知道。但這並不妨礙你支持中國人民的正義鬥爭。」此次談話之後，文幼章果然更加「支持中國人民的正義鬥爭」，他在進步學生的集會上發表演講，批評國民黨的獨裁統治。1946年，他應周恩來的邀請，推遲了回國的時間，留在上海，幫助共產黨編輯英文刊物《上海通訊》。這份刊物免費發放給英語世界的知名人士，向他們介紹國民黨搞獨裁統治、鎮壓人民的罪行。1947年，文幼章回到加拿大，此後一直致力於世界和平運動，被譽為「中國人民的老朋友」。

作為一個有聲望的外國傳教士，文幼章曾與國民黨合作，後又與共產黨合作。他的這種轉變意味深長，有著相當的象徵意義。從大的方面講，文幼章的選擇再次印證了「得道多助，失道寡助」的歷史規律──國民黨「失道」，所以「寡助」；共產黨「得道」，所以「多助」；從小的方面講，我們可以看出文幼章

選擇合作者的智慧——他沒有被表面現象所迷惑，而是看到了本質，看清中國未來的發展方向。

　　一個人能夠在紛紜複雜的社會上正確地選擇合作者，這是一項了不起的本事。很多人，往往就是因為選錯了合作者而導致失敗的。范增本來也是一個不錯的謀士，可惜，他輔佐了項羽。假如他選擇的合作者不是項羽而是劉邦，那麼結果肯定大不一樣。李敖曾說，選擇跟什麼樣的人一起戰鬥有時比為什麼戰鬥還重要。此言甚是。譬如，一個成年人，想找個異性結婚實在是一件極為正當的事。但是，我們必須明白，找個什麼樣的人結婚，遠比結婚本身更重要。可接下來的一個問題是，想找到一個好的合作者容易嗎？

　　答案是：不容易。

　　孔子當年坐著牛車周遊列國，目的就是要找到一位合適的君王，然後與之合作，實踐自己的「仁政」思想。孔子最終也沒有找到好的合作者，所以才在晚年選擇了著述和講學。孔子之後，孟子也是如此。在戰國七雄中，孟子最看好齊國。在齊威王時期，孟子就曾到齊國宣傳自己的「仁政」主張，齊威王送給孟子「上等金一百鎰」，但不接受他的政治主張。孟子拒絕了饋贈，失望而去。到了齊宣王時期，孟子再次來到齊國。這次他享受到了統治者給予的優厚待遇，「受上大夫之祿，不任職而論國事」。他與齊宣王進行了多次交流，「推銷」他的「仁政」思想。礙於孟子的學術威望，齊宣王口頭上表示要「嘗試」孟子的思想主張，可實際上並不行動。孟子見自己的思想主張難於在齊國實行，準備再次離去。齊宣王開出了更優厚的條件——「養弟子以萬鍾」——來挽留孟子。可是，他挽留孟子的目的是為了讓孟子和其門徒成為道德楷模，以供齊國人學習。孟子要的是自己的思想主張得到真正落實，所以他最後還是選擇了離去。可是，等真要離開齊國的時候，孟子又猶豫了，他說：「千里見王，是予所欲也；不遇而去，豈予所欲哉？予不得已也……予雖然，豈

舍王哉？……王如用予，則豈徒齊民安，天下之民舉安。王庶幾改之，予日望之！」懷著幻想和期待，孟子在齊國的邊境上逗留了三天，等待齊宣王來追他回去，然而，齊宣王沒有來。在我看來，孟子的這段際遇堪稱中國思想家與統治者之間貌合神離的經典範例。它告訴後人，作為一個人文學者，能否被當權者賞識、禮遇是一個層次，自己的思想主張能否被當權者接納則是另一個層次。做到前一個層次很難，做到後一個層次就更難了。

由此可見，選擇合作者，除了個人的智慧之外，機遇也很重要。在這一點上，文幼章要比孔子、孟子幸運得多，在離開了蔣介石之後，他還能遇到周恩來。不過，文幼章也好，孔子、孟子也罷，他們在選擇合作者這個問題上有一點是相同的：他們都堅持了「寧缺勿濫」的原則，忠於自己的獨立思想，不拿精神原則做物質交易。文幼章沒有因為自己得到過蔣介石的禮遇就在精神上臣服於蔣介石，孔子和孟子更是如此。

當今社會，提倡人與人之間的合作。那麼，我們在選擇合作者的時候，是不是也應該借鑒一下古人的智慧？

第十八章

一個絆子引發的血案

這是一起發生在皇族的叔侄之間的血案，時間在明朝的宣德年間。

很多人都知道，朱棣的皇位是從他侄子建文皇帝的手裏搶來的。為了爭奪這個皇位，叔侄之間打了一場歷時四年的戰爭，史稱「靖難之役」。當朱棣搶到皇位成了永樂大帝的時候，他大概不會想到，由他「開創」的叔叔與侄子爭奪皇位的悲劇還會在明朝重演，並且就在他喜歡的兒子和他深愛的孫子之間。只是，這次叔侄鬥法的結果與「靖難之役」不同。「靖難之役」中，當叔叔的勝利了，而這次，勝利的天平傾斜到了侄子的一面。這次扮演侄子角色的是朱瞻基。

朱瞻基就是歷史有名的宣德皇帝，他是明仁宗朱高熾的兒子，明成祖朱棣的孫子。而與宣德皇帝爭奪皇位的，則是他的叔叔朱高煦。永樂皇帝朱棣共有三個嫡生子：朱高熾、朱高煦、朱高燧。朱高熾雖為長子，卻不為朱棣所喜愛，原因大概是高熾有先天性的肥胖症，胖得連走路都很不方便，更不要說騎馬打仗了。行動不便，連帶著性格也比較內斂，甚至還有點懦弱。朱棣是帶兵出身的，一身英武之氣，他自然不願意看到自己的大兒子如此「窩囊」。與大兒子相比，二兒子朱高煦則英氣逼人，在老爸興兵與建文皇帝爭奪天下的時候，朱高煦帶領軍隊做先鋒，直逼南京，建立了赫赫戰功。兩相比較，朱棣就很想把皇位傳給二兒子朱高煦。可惜，當時實行的是皇位嫡長子繼承制，朱棣一時還不敢冒天下之大不韙。同時，朱高熾的老婆、孩子都十分爭氣，為他日後當上皇帝立了大功。他的老婆張氏（日後稱為張皇

后）是個賢內助，還深得公公和婆婆（也就是朱棣和他老婆徐皇后）的喜歡；而他的大兒子就是朱瞻基。史書記載，朱棣雖不喜歡自己的長子，但卻十分喜歡自己的長孫，他數次出征都帶著長孫朱瞻基，還對侍臣說：「皇長孫聰明英睿，智勇過人，宜歷練行陣，俾知併發，且可悉將士勞苦，知征伐不易。然文事武備，不可偏廢，每日營中閒暇，卿等仍與之講論經史，以資典學。」用意很明顯，就是要把長孫培養成合格的接班人。朱棣甚至還表示，他之所以立朱高熾為太子，就是因為他喜歡長孫朱瞻基。在今人想來，朱棣這個皇帝當得也真是不瀟灑，不僅要操心軍國大事，而且還要為誰來接班的問題煞費苦心，安排一任接班人還不放心，還要隔代指定接班人。

老爸朱棣還活著的時候，朱高煦就一直與大哥朱高熾爭奪太子之位，結果沒有爭過大哥，這讓他心裏很窩火；朱棣死後，朱高熾繼位，是為仁宗，仁宗當皇帝還不到一年就死了，皇位傳給到朱瞻基手裏。朱高煦終於憋不住了，他想：既然我老爸可以從自己侄子手裏搶到皇位，那麼我為何不能從我的侄子手裏搶來皇位？於是，朱高煦起兵造反。

初登皇位的朱瞻基顯示出了與太祖、成祖相似的英武氣概，他採納了楊榮、夏原吉的建議，親征朱高煦，很快就包圍了叛軍的老巢樂安城。朱高煦沒料到宣宗會御駕親征，一時沒了主意，只得請求投降。大臣請求宣宗朱瞻基將朱高煦就地正法，但宣宗顧及叔侄親情，沒有同意，只是將朱高煦押回京城，軟禁了起來。

這樣的處理對朱高煦來說應該是十分寬大的了。這也符合明宣宗朱瞻基的辦法風格，在明朝的皇帝中，宣宗朱瞻基本來就是很厚道的（順便說一句，宣宗統治的十年加上他老爸仁宗統治的一年被成為「仁宣之治」，是中國歷史上少有的盛世之一）。可是，作為叔叔的朱高煦不知進退，身陷囚室仍然不服氣。登基三年後，宣宗帶著內侍前去囚室探望自己的叔叔，身為皇帝的侄子

對身為囚徒的叔叔噓寒問暖了一番。這本來是件好事，說明宣宗還沒有忘記叔侄親情。不料，朱高煦卻在宣宗起身離開之際使了個絆子——用腳將宣宗勾倒。皇帝很生氣，後果很嚴重。宣宗朱瞻基命人將朱高煦罩在一個三百斤重的銅缸下，缸上積炭燃燒，銅缸被燒化了，朱高煦在缸裏被活活燒死，屍骨無存。朱高煦的幾個兒子也一併被殺死。後世的學者始終弄不明白朱高煦在這個時候還給皇帝使絆子是出於何種心理，更不明白以仁厚著稱的宣宗為何對這個絆子如此憤怒——自己的叔叔起兵造反都能饒他不死，為何對他使絆子氣憤至極？

我的解讀是：歷史本來就有它的弔詭之處，它不會按照常人的思維邏輯去按部就班地發展。一個絆子所引起的帝王憤怒，有時就是比千軍萬馬的廝殺還激烈。不管你願不願意承認，這就是歷史，至少是歷史中的一部分。

如果我們非要從朱高煦和朱瞻基的叔侄鬥法中總結出一點「歷史教訓」的話，那麼，我覺得應該是：不要給老實人使絆子。使絆子有時是激怒老實人的最後一個稻草，而老實人一旦被激怒，那後果也是很嚴重的。

一定有人認為這個結論太簡單了。可是沒辦法，很多驚心動魄的歷史故事往往就是為了向世人證明一個非常簡單的道理。今人的一個常識，古人卻要用血和淚去證明。這既可說是歷史的殘酷，也可說是今人的幸運——如果今人能充分吸取歷史教訓的話。

故

紙眉批

一個傳媒人的讀史心得

第一輯　歷史現象的明與暗

第十九章

一場沒有贏家的博弈

　　隋煬帝開通了大運河之後，後代的人們便一直利用大運河將南方的糧食運到北方，這就是中國歷史上有名的「漕運」。到了清朝，漕運成了經濟生活中一件極為重要的事情，如果漕運不暢，南方的糧食不能及時地運到北京，那麼京城的安定就會受到影響。為了做好漕運工作，清朝特在江蘇淮安設「漕運總督」一職，漕運總督之下設省一級的漕官，這些漕官直接向漕運總督負責，不向他駐在省的總督負責。這樣，就出現了一個垂直的漕運系統，這些漕運官員負責疏濬運河、雇用船員、運送糧食等事宜。

　　到了嘉慶時代，這個龐大的漕運系統日益腐敗，分佈在運河各碼頭的世襲船戶、雇用水手與漕運站的官員勾結在一起，形成了一個特殊的利益集團，他們在漕運的各個環節上下其手，損公肥私。這樣做的一個直接結果就是運糧的船費大幅上漲。同時，他們還以彌補徵糧定額為藉口，勒索地方政府。漕運系統與地方政府的矛盾由此產生。一些地方官員希望朝廷能放棄漕運，改用海運。這樣，便爆發了清朝歷史上有名的「漕運海運之爭」。

　　這場爭論最初發生在1803年，當時，漕運制度已經千瘡百孔了。黃河氾濫經常破壞運河河道，延遲漕運速度。主張海運的地方官員認為，利用大海運糧，不需要每年疏濬運河所需的大筆費用，還能省下通過漕運站要交納的「過路費」，成本遠遠低於漕運。可是，與漕運有聯繫的官員極力反對這一提議，結果，海運派在第一個回合敗下陣來。1810年，爭論又起，因為運糧船這時再度被延誤，京城的糧食一度告急。焦急的嘉慶皇帝徵詢大臣

們的意見：可否漕運與海運並舉，「兩條腿走路」？為了維護既得利益，漕運系統的官員再次否決了啟動海運的提案，說海運既不可行，也不可取。他們的理由是：海上的氣候惡劣，不適宜運糧，同時海上還有海盜，不安全。當然他們最重要理由是「意識形態」層面上的：漕運是祖宗之法，而祖宗之法是變不得的。

到了1815年，「漕運海運之爭」再起。此時一批私營的海上貿易已經開展得紅紅火火了。據說當時已有三千五百條私營商船在通過海運賺錢，這些船隻主要是把華北的豆子運往南方牟利。這就證明反對海運的理由根本不成立。私人都可組織船隊通過海運賺錢，朝廷為何就不能開通海運？贊成海運的大臣認為自己的理由十分充足。

可是，這個時候，無論是運河上的商人還是沿海貿易的商人，都反對朝廷啟用海運。反對的理由是基於這樣的事實：運河上的糧運已大大商業化了。北上的糧船中相當大的一部分載貨被控制在私人手中（這當然是官商勾結，化公為私的結果），南下的船隻則裝載能獲利的私鹽。運河上的商人當然不願意看著這麼大的一塊蛋糕被硬生生地割走。對從事沿海貿易的商人來說，他們壓根就不願讓朝廷插手私人航運，因為那樣意味著他們隨時會受到官員的勒索與盤剝。

反對海運的官員很快就利用了上述情況，他們提出，朝廷可否開通海運應該調查沿海情況後再作決定。這個道理冠冕堂皇，誰也不能公開反對。調查「沿海情況」的結果是，沿海商人找種種藉口說朝廷不宜開闢海運。結果，這次爭論再次以海運派的失敗而告終。

海運論戰中兩派的衝突在1824年達到了不可開交的地步，因為這一年開往北京的運糧船隊陷進了淤泥中。形勢比人強，這次道光皇帝終於決定開通海運，不過得向漕運系統妥協，稱開闢海運是臨時性的。為了贖買漕運系統的運糧特權，道光在啟用海運的第二年又撥款疏濬運河。這一舉措保證了漕運系統的「財路」

不被切斷。運河修好後，漕運系統理所當然地收回了運糧特權，海運在短暫啟用後被廢止。

1845年，京城的糧食再次發生嚴重短缺。這次倒是沒有經過爭論，朝廷毅然決定改用海運。但是腐敗低效的漕運系統依然存在，直到太平天國運動爆發、運河南段被太平軍控制後，漕運系統才不再「工作」。而此時，距1803年的那次「漕運海運之爭」已隔著四十多年的光陰了。也就是說，由於既得利益集團的阻撓，清朝的「海運」改革被推遲了四十多年。四十多年，一段多麼寶貴的時間！在這段時間裏，又該蘊藏著多少發展機會？

回顧晚清的「漕運海運之爭」，我們必須說，這是一場沒有贏家的博弈。表面上看，好像海運派贏得了最終的勝利，可是，他們的正確主張被阻擾了四十多年。當他們的主張得以落實的時候，整個大清帝國也已經搖搖欲墜了。就漕運派而言，他們雖然一次次地維護住了自己的既得利益，可是，他們輸掉了大義──國家的利益。更重要的是，他們就像一群過於貪婪的寄生蟲，只知道拼命地吸血，而不知道一個簡單的道理：寄生蟲離不開寄生體，寄生體被吸乾、啃死之時，便是寄生蟲滅絕之日。

故

紙眉批

一個傳媒人的讀史心得

第二十章

「顛了」之後

　　李敖先生曾經將人民與政府之間的關係形象地概括為以下幾種：服了、熊了、顛了、拼了。其中，「顛了」是指一些人因不滿政府的統治，離開自己的祖國，去另外的地方尋找自己的幸福生活──「不跟你們玩了」。從理論層面上講，「顛了」表面看是一種消極的逃離，可實際上是有積極意義的──它表明了一種決絕的態度，大有《詩經・碩鼠》中所說「逝將去女，適彼樂土」的味道。從實踐層面上講，確實有人在「顛了」之後大有作為──美國就是當年一批從英國「顛了」的人創建的國家。

　　1620年，約翰・溫斯羅普帶領著一批清教徒，乘坐「五月花號」，跨越了三千英里的大西洋，從英國來到北美蠻荒。這批清教徒因在英國遭受過迫害，所以他們既不想當奴隸，也不想當主子。他們在登陸普利茅斯時簽訂了那份有名的《五月花公約》，憲政和契約精神在這份歷史文獻中得到了充分的體現。他們將財富視為上帝恩寵的象徵，是「得救」的外在跡象，因此以富裕為榮。同時他們又主張勤奮節儉，反對奢侈。按說，北美大陸是這批人的「樂土」，這批人又具有顯而易見的創業精神，他們的幸福生活應該唾手可得的。可是，問題沒那麼簡單。從英國「顛了」，需要勇氣；在一塊新大陸上創建國家則需要更高的智慧。

　　擺脫了英國的清教徒最初是存有烏托邦幻想的，他們認為，自己跨越大西洋的遷徙之舉是完成與上帝的約定。當踏上北美土地的時候，「上帝的子民」就已經獲得了獨立和自由。剩下的，就是創建「山巔之城」了。「山巔之城」是他們的一種宗教色彩極濃的理想，他們要按照《聖經》的藍圖去創建教會和政府，引

導人民服從上帝，勤奮工作。為此，他們創建了著名的三大契約：天恩之約、教會之約和公民之約。天恩之約是信徒個人與上帝之間的約定，教會之約是信徒之間的約定，而公民之約是信徒作為公民在組建世俗政府時的約定。顯而易見，在最初的契約中，宗教色彩十分強烈。在麻塞諸塞殖民早期，只有教會會員才有在政府中任職的權利。

可是，現實的發展永遠會超出人們的預料。到了移民的第二代，美國人的宗教色彩大大減弱，原因是清教徒的子女們對父輩視為神聖的宗教已經不很在意了。這些孩子沒有宗教體驗可以彙報，因而也就不能取得教會會員的資格；沒有教會會員的資格，他們就不能在政府中任職。可是，如果不接納他們為會員，政府中空缺的職位讓誰去承擔？再下一代又該怎麼辦？這個政權日後又該如何維持？這個問題讓美國的第一代移民大傷腦筋。他們根本沒有想到，對自己不惜用生命去捍衛的宗教信仰，兒女們根本就不懂得「珍愛」。天然的血緣關係和父輩們的奮鬥史都無法填平深深的代溝。我相信，在那個時候，美國第一代移民的苦惱絲毫不亞於當今中國望子成龍的家長們。

怎麼辦？

最後，父輩妥協了。他們只好降低標準，在1662年搞了個「半途契約」，規定凡是教會會員的子女都能成為「半會員」，以使他們的子女能照樣受洗，並有望成為會員。在教會不惜改變原則以遷就現實的時候，清教現代化的過程也就開始了，而這一過程一旦開始就再也不能停下來了。清教徒「山巔之城」的理想在世俗壓力面前失敗了，可是一個遷就人性的文化傳統卻保留了下來；「山巔之城」的理想失敗了，可一個強大的美國有了良好的精神基石。正是憑著這種與時俱進的靈活的精神氣質，逃離英國的這批清教徒把自由思想和憲政理念深深地植根在了北美這片神奇的土地上。

在現實生活中，「顛了」不但可以用來形容人民和政府之間的關係，而且可以旁及個人與家庭、個人與家鄉、個人與團隊等很多關係。比如，一個人對家庭不滿，可以離家出走；一個人對家鄉的環境不滿意，可以遠走他鄉；一個人對單位所給的報酬不滿，可以選擇辭職離開。這些都可稱之為「顛了」。「顛了」本身沒問題，關鍵是「顛了」之後怎樣？清教徒創建美國的這段歷史告訴我們：面對不堪忍受的打壓和迫害，逃離本身就是一種勇敢的值得嘉許的行為。但是，逃離決不意味著一了百了。

逃離夢魘並不意味著一定會迎來光明，「顛了」之後往往還會有新的料想不到的困難在前方等著你，這便是「一山放過一山攔」的道理。理想永遠在彼岸，在天國，在我們每個人的心中。在堅硬的現實面前，我們最需要做的，其實是努力地尋找理想與現實的契合點，就像美國人當年搞「半途契約」一樣。

故

紙眉批

一個傳媒人的讀史心得

第二十一章

奧德賽的智慧

　　紀曉嵐在《閱微草堂筆記》中講過這樣一則故事：一個和尚一心想修行成佛，可是一個魔女卻想勾引他，使他破戒。每當和尚在蒲團上打坐修行的時候，魔女就來搔首弄姿。起初幾天，和尚不為所動。後來，魔女改變了戰術，她對和尚說，大師的意志力如此堅定，小女子實在欽佩。不過，以你現在的修行，還達不到佛學中的高境界。你現在不敢接近我，就是怕一旦接近我破了戒，敗壞了你的道行，可見你還不能擺脫色相。佛學的高境界是『諸菩薩天』，就是看花也無所謂花，看鏡子也無所謂鏡子，看水也無所謂水，看月亮也無所謂月亮，那時，你的所見所感全是「實相」，又全是「空」。所以，如果你能讓我靠近你而你的本心不受影響，那我就全心全意地敬佩你，從此再也不來打擾你了。和尚一聽，覺得魔女所說也有道理，並揣度自己的法力足以戰勝誘惑，就答應了魔女的要求。於是，魔女依偎到了和尚的懷中，百般挑逗。最後，和尚終於控制不住自己的慾望，破了「色戒」。事後，和尚悔恨不已，羞憤而死。

　　這個故事本身是虛構的，戲謔的，但是它其中蘊含的道理卻是真實的，嚴肅的。對一個人來說，最難的修為便是對自己的慾望有良好的控制能力。如果不能很好地控制慾望，我們就會成為各種慾望的奴隸。隨手可舉的例子便是貪官。很多貪官並不是一開始就腐敗，甚至他們在成為貪官之前往往還有一段可圈可點的奮鬥史，他們中的大多數都是像前文提到的和尚一樣，在某一特定的時刻屈服於卑下的慾望，「破了戒」。而那一刻也就成了他們人生的「轉折點」。在此之前，他們聽憑「佛」（良知、正

義、責任感等）的召喚；在此之後，他們屈從於「魔」（貪慾、色相、關係網）的擺佈。誠可謂「佛魔一念間」呀。

那麼，我們到底該如何控制自己的慾望——尤其是在自知「道行」還不夠的時候？《荷馬史詩》中的一段故事恰好可以給我們以深深的啟迪。

洗劫了特洛伊之後，奧德賽帶兵返回希臘。在返回的途中，他們遇到的危險之一就是塞壬的歌聲。塞壬是半人半鳥的海妖，她有著天使一般的面容和美妙無比的歌聲，她的歌聲充滿了無盡的媚惑。只要聽見了塞壬的歌聲，任何航海者都會受到誘惑，然後會不由自主地向她所在的島嶼駛去，結果導致船隻觸礁沉沒。英雄奧德賽事先知道塞壬的歌聲有致命的誘惑力，於是就事先防禦。在船隊快要經過塞壬所在的島嶼時，他將自己綁在船的桅桿上，又讓船員和士兵用蠟封住自己的耳朵。這樣，船員和士兵聽不見塞壬美妙的歌聲，奧德賽本人雖能聽到歌聲卻不能活動。這種精心的安排使得奧德賽的船隊免受滅頂之災，奧德賽本人也因此成了聽過塞壬的歌聲還能活下來的第一個人。

拿奧德賽與前文提到的和尚相比，我們就不得不佩服奧德賽的智慧。他的智慧不在於使自己修行到了很高的「道行」，而在於他懂得如何控制自己的慾望。那便是：其一，控制慾望不能只憑個人的意志力（像前文提到的和尚那樣），有時還可依靠外物（比如蠟和繩子）；其二，控制慾望必須防患於未然，在面對誘惑之前就採取巧妙的對策，而不能等慾望最強烈的時候才想去控制，那樣常常就為時已晚了。

學會自我控制是每個人必修的一門功課，可是很多人都沒有足夠的自控力。想減肥的人往往抵制不住美食的誘惑，想攢錢的人往往抵制不住購物的誘惑；賭徒屈從於賭癮，吸毒者屈從於毒癮；流氓是淫慾的奴隸，貪官是貪慾的奴隸……可以說，這些人都缺乏奧德賽的智慧。

在慾望叢生的當今時代，我們有必要向古代的英雄奧德賽學習。我們每個人都有強大和軟弱的時候，我們應該趁著強大的時候意識到自己的弱點，並預先做好防範工作。在這一點上，馬英九先生說過一句經典的話：「美女坐懷我也會亂，所以我能做的就是：儘量不要讓美女坐到我的懷裏。」這才是一個聰明人控制自己慾望的正確做法。

故

紙眉批

一個傳媒人的讀史心得

第一輯　歷史現象的明與暗

第二十二章

滑鐵盧戰役的最大贏家

　　1815年6月18日，拿破崙指揮的法國軍隊和英國將軍惠靈頓指揮的反法聯軍在比利時布魯塞爾近郊的滑鐵盧村展開大戰，這就是歷史上有名的滑鐵盧之戰。黃昏時分，反法聯軍控制了戰場的主動權，拿破崙的軍隊敗局已定。這時，一個名叫羅斯伍茲的商業情報員悄悄地撤離戰場，騎快馬奔向布魯塞爾，然後又轉到奧斯坦德港。深夜時分，他跳上了一艘有特別通行證的快船。6月19日清晨，他在英國的福克斯頓上岸。而他的老闆正在那裏親自等候。老闆接過信件，快速打開信封，瀏覽了一下戰報標題，然後就策馬直奔倫敦的股票交易所。

　　老闆名叫南森‧羅斯切爾德，而這個名叫羅斯伍茲的人則是受雇於羅斯切爾德商業家族的情報員。

　　羅斯切爾德商業家族的創始人是梅耶‧羅斯切爾德，他原本是法蘭克福的一名金匠，後來涉足銀行業。到1800年的時候，羅斯切爾德家族已經成為法蘭克福最富有的猶太家族。南森‧羅斯切爾德是梅耶‧羅斯切爾德的第三個兒子。1798年，他被父親從法蘭克福派到英國開拓羅斯切爾德家族的銀行業務。南森是一個城府極深行事果決的銀行家，到1815年，他已成為倫敦首屈一指的銀行寡頭。與此同時，南森的大哥阿姆斯洛在法蘭克福打理羅斯切爾德家族銀行的大本營，他的二哥所羅門在奧地利的維也納建立了家族的另一家分支銀行，他的四弟卡爾在義大利的那不勒斯建立了一個銀行，他的五弟傑姆斯也在法國巴黎建立了一家銀行。羅斯切爾德家族由此成了金融史上最具傳奇色彩的國際銀行集團。

早在滑鐵盧戰役之前,羅斯切爾德家族就建立了自己的戰略情報收集和快遞系統。他們的情報人員派駐歐洲所有的大城市。更關鍵的是,這個情報系統的效率和準確度遠遠超過了官方的資訊網絡。正因如此,羅斯切爾德家族才能在第一時間得知了滑鐵盧戰役的結果。

滑鐵盧戰役的結果不僅在軍事上意義重大,而且對金融界的影響同樣深遠。如果拿破崙的大軍取勝,則法國就會成為歐洲的主宰,英國公債的價格就將大跌;相反,如果拿破崙戰敗,則英國主導歐洲,英國公債就會大漲特漲。

南森‧羅斯切爾德的商業才能在這個時候淋漓盡致地展示了出來。回到倫敦股票交易所後,他並沒有大量買進英國公債,而是反其道而行,讓交易員大量拋售英國公債。由於被大量拋售,英國公債的價格開始下跌。越下跌越有人跟著拋售,由此形成惡性循環,幾個小時後,英國公債的價格就只剩下了原價的5%。這個時候,南森‧羅斯切爾德又讓交易員大量買進英國公債。到了6月21日晚11點,英國軍隊在滑鐵盧取得勝利的消息才傳到倫敦。此時的羅斯切爾德家族因持有大量的英國公債,已經成了英國政府最大的債權人。這意味著英國人以後向政府繳納的各種稅賦,絕大多數都成了羅斯切爾德銀行的囊中之物,羅斯切爾德家族也由此控制了大英帝國的經濟命脈。有人估算,羅斯切爾德家族在滑鐵盧戰役之後一、兩天之內賺到的錢就超過了拿破崙打十幾年戰爭的收穫。南森‧羅斯切爾德也絲毫不掩飾自己的得意之情,他說:「我根本不在乎什麼樣的人被放在王位上來統治這個龐大的日不落帝國。誰控制著大英帝國的貨幣供應,誰就控制了大英帝國,而我控制著大英帝國的貨幣供應!」

憑藉著滑鐵盧戰役的這次狂賺,羅斯切爾德家族的勢力急速膨脹,很快就操控了整個歐洲的金融市場。有人估算,到1850年,羅斯切爾德家族就積累了六十億美元的財富,成了有史以來最為龐大的金融帝國。此後,他們在家族銀行體系中首先建立了

不用實物黃金運輸的帳目清算系統，而這竟成了今天國際金融的通用規則。更讓人震驚的是，他們家族竟然長期控制著國際市場上的黃金定價，直到2004年才宣佈退出。

1812年，梅耶·羅斯切爾德去世，去世之前，他立下森嚴的遺囑，絕對不准後人向外界透露家族的財產情況，而他的遺囑又被嚴格執行，所以直到今天，依然沒有人能清楚地說出這個家族到底有多少財富。可是，在近二百年的時間裏，羅斯切爾德家族一直控制著歐洲乃至世界的金融業。這一點從來都是不爭的事實。

關於滑鐵盧戰役，歷史學家和文學家進行過很多激動人心的描述，可是，他們很少提到這場戰役對世界金融業的影響——雖然這種影響確實存在。由此可見，我們閱讀歷史也必須從多個角度入手。如果遺漏了金融史，那麼我們所理解的滑鐵盧戰役就是不夠全面的。

總之，滑鐵盧戰役雖然只打了一天，但這一天足以改變很多人的命運。滑鐵盧戰役之後，反法聯軍很快攻佔了巴黎，聲名顯赫的法國皇帝拿破崙不得不再次宣佈退位（之前曾有過一次退位），之後被流放到了大西洋上的聖赫勒拿島。由於在滑鐵盧戰役中打敗了拿破崙，英軍的指揮官惠靈頓將軍一戰成名。可是，很多歷史學家指出，在滑鐵盧戰役中，最大的贏家並不是惠靈頓將軍，而是羅斯切爾德商業家族。利用早獲悉滑鐵盧戰役結果的資訊優勢，南森·羅斯切爾德在金融領域打贏了一場漂亮的戰爭。從某種意義上講，拿破崙的滑鐵盧成了羅斯切爾德商業家族的凱旋門。

故

紙眉批

一個傳媒人的讀史心得

第二十三章

折缽山上的星條旗

　　硫磺島是太平洋上一座小島，只有二十多平方公里，在普通的世界地圖上連它的名字都找不到。可是，圍繞著這樣一個小島，美日兩軍卻打了一場極為有名的戰役——硫磺島之戰。

　　硫磺島雖小，可是它的戰略地位卻非常重要。二戰後期，它正處在日本東京與美軍佔領的塞班島之間，距二地各約一千兩百公里。美軍佔領塞班島以後，一直以塞班島為基地空襲東京。但因硫磺島的報警作用，美軍對東京的空襲一直效果不佳。駐硫磺島的日軍戰鬥機還不時升空攔截，沖散美國機群。為總攻日本，美軍決定攻佔硫磺島。

　　1945年2月19日，美軍對硫磺島發起了登陸戰，經過四天激戰，美軍於2月23日攻上硫磺島的折缽山，六名海軍戰士將一面美國的星條旗插在山上。這一幕恰好被美國的隨軍記者喬‧羅森塔爾趕上，他按下照相機快門，定格了這一珍貴的歷史瞬間。照片發回美國後，折缽山上的星條旗成了勝利的象徵，極大地鼓舞了美軍的士氣，這張照片也由此成了經典。

　　折缽山上的星條旗確實意味著美軍成功地登陸了硫磺島，但是，美軍要想徹底贏得硫磺島戰役的勝利，還要繼續浴血奮戰。

　　對於硫磺島重要的戰略位置，日軍也有充分的認識。早在1944年6月，日本軍方便調栗林忠道中將出任守島總指揮，並迅速向硫磺島增兵——由原來的一千五百人猛增至戰前的兩萬三千人。栗林忠道抵達硫磺島之後，精心策劃，建築了非常完備的防禦工事。

美軍進攻硫磺島的地面部隊是第五兩棲軍，下轄三個海軍陸戰師，由霍蘭・史密斯中將指揮；此外還有登陸編隊和支援編隊，由凱利・特納中將指揮，總兵力有十多萬人。地面部隊之外，還有第五八特混編隊負責海空掩護。要知道，美國的海軍陸戰隊不僅接受過系統的登陸戰訓練，而且戰鬥力之強大、戰鬥作風之強悍，戰鬥意志之頑強在美軍中是首屈一指的。同時，美軍在武器裝備、海陸空配合上也佔有優勢。而且，此役的總指揮是美國赫赫有名的海軍上將斯普魯恩斯，其餘的指揮官特納、米切爾、史密斯等也都是驍勇善戰的名將。以這樣的精兵強將攻打一個彈丸之地的小島，美軍初步估計只需五天的時間即可拿下硫磺島。

可是，等戰役打響之後才發現，情況完全不是料想的那樣。日軍在栗林忠道的組織下，頑強堅守，致使美軍每前進一步都要付出慘重的代價。美軍原計劃五天拿下的硫磺島戰役，結果整整打了三十六天。日軍的栗林忠道將軍因其出色的指揮贏得了美軍的尊重。美軍試圖勸降栗林忠道，結果遭到拒絕。戰至最後，栗林忠道切腹自殺。在硫磺島戰役中，日軍被擊斃20,703人，僅有不到三千人生還；美軍陣亡6,812人，傷19,920人，同樣傷亡慘重。可以說，日軍在硫磺島上的表現可圈可點，雖敗猶榮。據說，正是硫磺島戰役促使美國的杜魯門總統日後下令對日本使用原子彈。因為他認識到：攻打日本太平洋上的一個小島就要付出如此慘重的代價，若登陸日本本土，美軍勢必還要付出更加慘重的代價。

折缽山上的星條旗是在美軍登陸後的第四天插上的。美聯社戰地記者喬・羅森塔爾拍攝的照片顯示，當時是六位戰士合力插上了這面美國國旗。可在隨後的戰鬥中，這六位戰士中的三位也陣亡了。硫磺島戰役之慘烈，由此可見一斑。

硫磺島戰役給我最深的啟示是：折缽山上的星條旗是美軍勝利的象徵，但是，象徵並不等於大功告成。從星條旗插上折缽山到硫磺島戰役的最終結束，美軍又浴血奮戰了三十多天。現實

生活中，很多事情也是象徵性的，比如婚禮，比如學位。婚禮是愛情的象徵，這一點毫無疑義，但是愛情的象徵並不等於愛情本身。擁有奢華婚禮的人未必擁有美滿的愛情，婚禮之後，兩位新人要想獲得實實在在的愛情，還要付出許許多多的努力；學位是學識的象徵，但是它也僅僅是象徵而已，一個人要想獲得學術界和社會的真正認可，光有了學位（包括學士、碩士學位乃至博士學位）是不夠的，他還必須付出更多的辛勞和智慧。

順便說一句，六十多年過去了，美國人對硫磺島戰役仍然念念不忘，克林·伊斯威特先後拍攝了《硫磺島的英雄們》和《來自硫磺島的來信》兩部電影來紀念這段歷史。只不過，前者是以美軍戰士為主人公的，後者則是以栗林忠道為主人公的。一個硫磺島戰役，讓昔日的英雄和昔日的敵人在銀幕上都得到了足夠的尊重。

故

紙眉批

一個傳媒人的讀史心得

第一輯　歷史現象的明與暗

第二輯

歷史名人的是與非

梁啟超割腎的啟示

　　1926年3月，著名的政論家、國學大師梁啟超因小便出血住進了協和醫院，經醫生檢查確定為腎腫瘤，建議切除那個「壞腎」。當時，中國人對手術很是恐懼，梁啟超的好多朋友也反對「割腎」。但是梁啟超不顧親朋的反對，毅然決定做腎切除手術。

　　梁啟超是社會名流，協和醫院對他的手術自不敢懈怠，指定協和醫學院著名的外科教授劉瑞恆為梁啟超做手術，副手也是美國有名的外科醫生。可是百密一疏，手術室值班護士在用碘酒標手術位置時弄錯了，本來該切除的是左腎她卻標成了右腎。劉瑞恆手術前也沒有仔細核對一下掛在手術臺旁邊的X光片，就將健康的右腎給切除了。手術之後，梁啟超的尿血症狀不但沒有消除，反而加重了。與此同時，協和醫院也發現了這是一起醫療事故，可是院方考慮到「協和的名聲」，遂將此當作「最高機密」，緘口不提。

　　更有趣的是梁啟超的態度。對於這起手術，社會人士和梁啟超的家人都覺得協和醫院有「孟浪」之責。可是梁啟超本人卻還在替協和醫院辯護，他在1926年6月2日的《晨報副刊》上發表〈我的病與協和醫院〉一文，稱：「據那時的看法，罪在右腎，斷無可疑。當時是否可以『刀下留人』，除了專家，很難知道。但是右腎有毛病，大概無可疑，說是醫生孟浪，我覺得冤枉……」如果說這段話還算「通情達理」、言之有據的話，那麼他接下來的解釋就純屬謊言了：「出院之後，直到今日，我還是繼續吃協和的藥，病雖然沒有清楚，但是比未受手術之前的確好了

許多。想我若是真能拋棄百事，絕對休息，三兩個月後，應該完全復原。至於其他的病態，一點都沒有。雖然經過很重大的手術，因為醫生的技術精良，我的體質本來強壯，割治後十天，精神已經如常，現在越發健實了。」

事實是，手術之後，梁啟超的病情日益加重，不到三年就去世了，所謂「越發健實」根本就是騙人之談。在媒體上撰文替協和醫院辯護的同時，梁啟超私下對家人說：「這回手術的確可以不必做」，「手術是協和孟浪，錯誤了。」

那麼，梁啟超為什麼要替協和醫院辯護，甚至不惜為此說謊呢？

原來，梁啟超早就撰文比較過中醫、西醫之優劣，極力推崇西醫，認為西醫「講求攝生之道，治病之法，而講全體，而講化學，而講植物學，而講道路，而講居宅，而講飲食之多寡，而講衣服寒熱之準，而講工作久暫之刻，而講產孕，而講育嬰，而講養老，而講免疫……學堂通課，皆兼衛生。」基於這種理念，他自己生病的時候就拒絕中醫治療，以此來倡導西醫乃至西學。梁啟超之所以替協和醫院辯護，主要的用意還是替西醫、西學辯護，他怕說出真相會影響西醫乃至西學在中國的傳播。這種將國家前途置於個人安危之上的做法，這種將自己所信奉的「主義」置於自己的健康與生命之上的情懷，自然是可敬的。可是，歷史的弔詭之處就在於，一位如此倡導西醫、西學的人卻最終死在了西醫的手術刀下。

更為可悲的是，梁啟超極力為之辯護的醫院始終不敢站出來承擔責任。1929年1月19日，梁啟超先生去世，時年只有五十六歲。人們在紀念梁啟超的同時，再次提起了當年的「割腰子手術」，懷疑那是一起「醫療事故」，可是，面對人們的猜疑，協和醫院仍然保持沉默。有文章說，直到1970年，梁思成先生後來住進了協和醫院，他才從自己的主治醫生那裏得到了父親早逝的真相。

　　現在，西醫早已被國人普遍接受了，這證明梁啟超當年的良苦用心沒有白費。可是，從另一個方面看，如今的醫療糾紛、醫療事故很多，並且，在醫療事故中，患者維權十分艱難。我不禁想，今日患者維權之艱難是不是也與梁啟超當年放棄醫療維權、醫院拒不承認「醫療事故」有關呢？我們不能不說，就如何處理醫療事故而言，梁啟超的做法不好。他那種為了「宏大敘事」而放棄追索個人權利的做法是不值得提倡的。真相就是真相，醫療事故就是醫療事故，如果為了西醫的發展就不惜用謊言掩蓋真相，為了醫院的「名聲」就不敢承擔責任，那麼，所謂的「發展」，所謂的「名聲」又是為了什麼呢？

　　進一步說，沒有什麼值得用掩蓋真相去博取，沒有什麼值得用謊言去維繫。不論你的用心多麼良苦。梁啟超雖然是思想大師，可是他至死都沒明白這個道理──即便明白，他也沒勇氣去徹底實踐。

　　實踐這一理念的任務落在了今人身上。

故

纸眉批

一個傳媒人的讀史心得

第二輯　歷史名人的是與非

秋瑾之墓與慈禧之死

1908年2月25日，這一天是農曆正月二十四日，杭州西湖岸邊聚集了四、五百位表情蕭穆的人，他們正在公祭一位奇女子——鑒湖女俠秋瑾。

此時，距秋瑾就義已經半年有餘了。上一年的7月，秋瑾與徐錫麟等革命黨密謀，分別在皖、浙等地起義。起義失敗後，秋瑾遇害，秋家被查抄。秋瑾的屍體由同善局出面收殮，後幾經輾轉，被放到了大校場附近的亂墳堆中。

這個時候，秋瑾的兩位生前好友出場了，她們是吳芝瑛和徐自華。吳芝瑛是時任京師大學堂總教習的吳汝綸的侄女，女書法家，她比秋瑾大七歲。吳芝瑛的丈夫與秋瑾的丈夫同朝為官，兩家又是近鄰，吳芝瑛遂與秋瑾結拜為姐妹。徐自華同樣是著名才女，她比秋瑾大兩歲，曾任潯溪女校校長。1906年初，身為同盟會浙江主盟人的秋瑾從日本回國，到潯溪女校任教，由此結識了徐自華，二人一見如故，結為莫逆之交。經秋瑾介紹，徐自華和妹妹徐蘊華也加入了同盟會。

1907年2月，徐自華與秋瑾同遊杭州，她們在西泠橋畔拜謁了岳飛墓地，念及山河破碎，二人在吟詠岳飛的〈滿江紅〉時聲淚俱下。秋瑾慨然歎道：「苟得葬於此，為福多矣。」徐自華亦為之動容，說：「如你死我前，我定葬你於此；然如我先你而死，你也能葬我於此乎？」秋瑾回答：「這就看我二人誰先得到這個便宜了。」

秋瑾就義後，徐自華、吳芝瑛悲憤交集，各自寫下了大量紀念秋瑾的詩文。隨後，徐自華、吳芝瑛商定合力實現秋瑾「埋

骨西泠」的遺願，先購墓地，再圖營葬。「地如姐得，營葬妹任之；地如妹得，營葬姐任之。」經與秋家商議，徐自華和吳芝瑛歷盡艱辛，終於將秋瑾的遺骨運到了西子湖邊，在岳王墳旁邊建起了秋瑾之墓。

秋瑾是革命黨，她是為了推翻清廷而死的，在清廷尚存之際，徐自華和吳芝瑛就敢於為秋瑾營建墓地，其情感人，其勇氣更為可嘉。

秋瑾墓落成後，徐自華賦詩一首：「湖雲山樹總悲涼，春曉蘇堤柳未長。添個鑑湖秋俠墓，遊人憑弔泣斜陽。」

就這樣，秋瑾的新墳在西子湖畔赫然隆起。在我看來，隆起的豈止是一座墳墓，它分明象徵著一種全新的觀念，代表著一股不可抗拒的力量。魯迅先生曾說：「中國一向就少有失敗的英雄，少有韌性的反抗，少有敢單身鏖戰的武人，少有敢撫哭叛徒的弔客。」徐自華和吳芝瑛便是「敢撫哭叛徒的弔客」。不僅如此，在為秋瑾營建新墓地之時，她們還登報發佈公祭秋瑾的消息，回應者有四、五百人。這些人在1908年的正月公祭被清廷處死的秋瑾，此事表明：一種與官方迥異的思想觀念已然在民間成熟。

清廷可以在半年前處死秋瑾，可是他們無法左右人們對秋瑾的懷念之情。清廷尚在，可人們已經不以朝廷的是非為是非了。被清廷宣佈為「叛亂分子」的人，民間卻要認定其為英雄，清廷以之為非的，民間卻以之為是。

一個政權走到這一步，意味著它很快就要滅亡了。事實也正是如此，三年後，武昌起義爆發，清廷轟然坍塌。

如果說隆起的秋瑾墳墓象徵著革命勢力的崛起的話，那麼慈禧太后的死則毫無疑義地象徵著清廷的末路。

光緒三十四年十月二十二日（1908年11月15日），慈禧太后死了。早她一天，光緒皇帝「駕崩」。慈禧太后是光緒皇帝的姨媽，在同治皇帝死後，慈禧太后讓光緒繼承皇位，自己「垂

簾聽政」。慈禧太后有極強的控制慾，一直想讓光緒皇帝對自己百依百順。可是，光緒皇帝「親政」之後，有了自己的「政治理想」。他採納康有為、梁啟超等人的建議，勵精圖治，發動了戊戌變法運動。維新變法活動觸動了以慈禧太后為代表的保守派的勢力，慈禧太后鎮壓了變法運動，囚禁了光緒皇帝。光緒皇帝是慈禧太后的侄子兼外甥，慈禧太后對他有過撫育之恩，可是，發生在1898年的戊戌變法活動，使得兩個人的關係由親人變成了敵人。十年之後，這對政敵幾乎同時撒手人寰（相隔不到二十四小時）。

　　皇帝和太后相繼死去，給世界留下的不僅僅有各種各樣的謎團，更有其他人無法添補的權力真空。（關於光緒死亡之謎，一直有種種說法，有的說是慈禧太后在臨死之前害死了光緒，有的說是袁世凱害死了光緒，還有的說是大太監李蓮英害死了光緒。當然，更多人認為光緒是自然死亡。）有學者指出，如果光緒皇帝此時不死，那麼在慈禧太后死後，他可能會憑著自己的威望推進被中斷的維新變法，清廷或許還有一線生機；如果慈禧太后此時不死，那麼她憑著鐵腕手段，勉勉強強還能控制得住局勢，清廷可能還會多苟延殘喘幾年。可是，在1908年，在戊戌變法失敗十年之後，主張維新變法的皇帝死了，阻擾維新變法的太后也死了，一個時代徹底結束了。光緒皇帝和慈禧太后死後，還不到三周歲的溥儀繼承了皇位，朝廷大權落在了溥儀的父親、攝政王載灃的手裏。載灃既沒有光緒皇帝那樣的民間威望，也沒有慈禧太后那樣的鐵腕手段，朝政由此愈發不可收拾，等待清廷的只有迅速崩潰。

　　在歷史上，常常有這樣的年份：從表面上看，這一年風平浪靜，沒有發生過驚天動地的大事，可實際上，這一年潛流激蕩，日後的大變局已然註定。1908年就是這樣的一年：秋瑾的墳墓在杭州西子湖畔隆起，慈禧太后的死訊從北京傳出，兩個歷史細節南北呼應，所要傳達的正是一個王朝的行將滅亡和一個新時代的即將開啟。

第三章

袁世凱的「文存」

法國作家大仲馬曾經對小仲馬說「你是我最好的作品」。如果按大仲馬的邏輯，子女可看作是父母的「作品」，那麼，我把這篇談袁世凱後人的文章命名為袁世凱的「文存」也算「師出有名」了。

袁世凱有一妻九妾，一妻九妾共生了十七個兒子、十五個女兒。在袁世凱眾多的子女中，二子袁克文顯得十分另類。袁克文是袁世凱的三姨太朝鮮人金氏所生，自幼聰明過人，據說他有「過目不忘」的本領，填詞、寫詩、作文章都很在行，而且還能寫一手好字。

袁克文跟他的大哥袁克定不同，袁克定積極支持他父親恢復帝制，以便自己也能「子承父業」當當皇帝。可袁克文卻深受「共和思想」的影響，反對父親稱帝，據說還曾寫詩勸過父親。在私生活上，一方面有父親「姬妾如雲」的示範，另一方面，貴公子出身的他又具備有揮金如土的資本，所以袁克文過上偎紅依翠、聲色犬馬的生活也就不足為奇了。據記載，他的妻妾有十五、六人之多，這些新歡舊愛，多半是青樓佳麗、當紅名妓。袁克文對姬妾的態度，也薰染了民國時代自由平等的風氣，兩情相悅時則暫結琴瑟，互相厭煩時則折柳分釵，分手後也不會反目成仇，有的還可以像朋友般往來。

除了擅長書法、作詩、填詞、寫文章外，袁克文還愛好崑曲，是個超級票友。因為袁克文花錢如流水，所以他從他父親那裏分得的十幾萬銀元的遺產，很快就用光了，不得不靠賣字、賣

文來維持生活。據說他的字寫得很好，大有蘇東坡之遺風。當時的山東督辦張宗昌請他寫了一幅中堂，價碼是一千大洋。

1931年袁克文得猩紅熱死於天津時只有四十二歲，真可謂英年早逝。據說，他死的時候，積蓄只有放在筆筒裏的二十元大洋。他的葬禮還是由他「青幫」（袁克文還曾加入過「青幫」）裏的「徒子徒孫」湊錢幫他辦的。出殯時，「幫」裏的人，以及天津的和尚、道士、尼姑、喇嘛，都來送葬，甚至有些妓女也紮了白頭繩前來哭奠。由此可見，袁克文的「人緣」還是相當好的。他雖然貴為公子，但卻能跟很多底層民眾「打成一片」，這在當時是難能可貴的。他一生交友無數，既有筆墨文翰之交，也有筵宴冶游之友。關於袁克文的一生，有人用「貴公子，純文人」六個字來概括，很中肯。

袁克文有四子三女，三兒子袁家騮是位著名的物理學家，他的夫人是有「中國的居里夫人」之稱的物理學家吳健雄。1956年，楊振寧和李政道提出著名的「宇稱不守恆」的理論假設，對這一理論進行實驗證明的就是吳健雄女士。1973年，袁家騮曾偕吳健雄訪華，周恩來總理接見了他們，並對袁家騮說：「你們袁家的人一代比一代進步了！」

把袁世凱後人的這些故事寫出來，並不想特別說明什麼「宏大命題」。其實，歷史人物並不是為了要驗證什麼偉大的「道理」才出現的，歷史事件也往往不是為了要證明什麼「放之四海而皆準的真理」才發生的。歷史是複雜的，總想著從複雜的人與事中抽象出「道理」和「規律」來往往就會使歷史淪落為教條的奴隸。袁世凱後人的故事雖然無法用來證明「道理」和「規律」，但卻是真實的。真實的存在往往比虛幻的「規律」和「道理」更有價值。

如果我們非要給袁世凱的這些「文存」尋找一點意義的話，我覺得就是證明了文革時流行的血統論的荒謬。醉心權力的政客甚至是「竊國大盜」袁世凱也能生出擁有「純文人」氣質的兒子

袁克文，而落魄、短命的袁克文也能生出「有出息」的兒子袁家騮——著名的物理學家。一些人無視歷史的複雜，非要說什麼「老子英雄兒好漢，老子狗熊兒混蛋」，豈不是荒誕透頂？

故

紙眉批

一個傳媒人的讀史心得

第二輯　歷史名人的是與非

第四章

汪精衛與暗殺

從某種意義上講，刺殺事件的發生是某一地區政局動盪、社會混亂、沒有遊戲規則可講的直接反映。在中國，晚清、民國年間恰恰就是這樣，所以，那個階段刺殺事件格外頻繁，如徐錫麟刺殺恩銘事件、吳樾刺殺清朝出洋考察大臣事件、汪精衛刺殺攝政王載灃事件、蔣介石刺殺陶成章事件、孫鳳鳴刺殺汪精衛事件、鄭蘋如刺殺丁默村事件、國民黨特務刺殺楊杏佛事件、國民黨特務刺殺報人史量才事件、國民黨特務刺殺李公樸和聞一多事件等等，這些刺殺事件當年均轟動一時，可是隨著和平建設時代的到來，它們正在一點一點地被掩埋在歷史的廢墟中。如果想把這些刺殺事件全部講清楚，那恐怕得寫一本書。在這裏，我只想講述發生在一個人身上的兩件事，以展示當年的刀光血色。這個人就是人們熟知的大漢奸汪精衛，他既作為刺客暗殺過別人，也作為政客被別人暗殺過。

先說汪精衛刺殺攝政王載灃事件，這一事件發生在1910年。在此之前，在孫中山和同盟會的領導下，革命者為推翻清廷發動了多次起義，如1895年的廣州起義，1900年的惠州三洲田起義，1907年6月的潮州黃岡起義，1907年6月的惠州七女湖起義，1907年9月的欽州防城起義，1907年12月的廣西鎮南關起義，1908年3月的廣東欽州、廉州起義，1908年4月的雲南河口起義等，這些起義沉重地打擊了清廷的統治。但是，這些起義全部被清廷鎮壓了下去，大批仁人志士倒在血泊中。維新黨人反對暴力革命，梁啟超等人看到革命黨人屢敗屢戰，又屢戰屢敗，便在《新民叢報》上撰文批評革命黨領袖們：「徒騙人於死，己則安享高樓華

屋，不過『遠距離革命家』而已」。梁啟超「遠距離革命家」的指責對同盟會的領袖們來說是很致命的。你們整天以「革命家」自居，可是只煽動別人的子弟去送死，你們自己卻好端端地在國外活著，這像話嗎？你們自己怎麼不上戰場？你們自己怎麼不去死呀？

當時，汪精衛是同盟會的評議部長，他要親自做一回刺客，以實際行動回應「遠距離革命家」的指責。他不顧孫中山和胡漢民等人的反對，毅然決然地踏上了刺殺之路，他要刺殺當時的攝政王、宣統皇帝的父親載灃。汪精衛選中了黃復生做自己的助手，擬定用炸彈將攝政王炸死在銀錠橋上。陪同他們北上的人中還有一名熱血女青年叫陳璧君。當時，汪精衛是抱著必死的決心去刺殺攝政王載灃的。這種大義凜然之舉感動了很多人，其中便有美女陳璧君。刺殺行動之前的一夜，熱血女青年陳璧君對汪精衛說：「你明天就要當烈士了，我沒什麼送給你的，就陪你睡一夜吧。」今人可能覺得這種做法非常荒誕，可當年的人們卻將其理解為崇高：既然熱血男兒可以為革命犧牲生命，熱血女青年就可以為熱血男兒獻身。

第二天，汪精衛、黃復生的刺殺行動失敗——炸彈被清廷的人發現，他們沒能炸死攝政王，自己又隨後被捕了。清廷為了顯示寬大，並沒有處死汪精衛、黃復生，只是判了個「永久監禁」。在監禁期間，汪精衛和陳璧君書信往來，反倒培養出了感情。一年以後，辛亥革命成功，作為清廷頭號政治犯的汪精衛重獲自由。出獄之後，他與陳璧君結為「革命伉儷」。

時光到了1935年，情況變了，當年的刺客汪精衛現在成了別人刺殺的對象。這一年的11月1日，國民黨四屆六中全會在南京召開，開幕式結束後，國民黨的大員們集體合影。就在這時，記者群中閃出一人，從大衣中掏出手槍，對著汪精衛連開三槍。事發突然，很多人不知所措。關鍵時刻，國民黨大員張繼抱住了刺客的腰，張學良飛起一腳，踢掉了刺客的手槍，汪精衛的衛

士們上前對著刺客開了兩槍，刺客應聲倒地。事後察明，這個刺客叫孫鳳鳴，是一位具有抗日思想的愛國志士。張學良在回憶錄中說，孫鳳鳴刺殺汪精衛是受民國第一刺客王亞樵指使的。執行刺殺行動之前，王亞樵找了一個女人（一說就是王亞樵自己的情人），陪孫鳳鳴睡了一夜。這一夜，與二十五年前汪精衛和陳璧君的一夜何其相似乃爾！可見，生逢亂世，熱血男兒們必須學會在玉體橫陳和血肉橫飛之間迅速切換，這是一項殘酷的生存技能——儘管後人可能會認為這帶有一些浪漫色彩。

汪精衛中了孫鳳鳴三槍，但並沒有死。張學良回憶，當時汪精衛捂著傷口，嘴裏不斷地叨念：「完了，完了，我完了！」反倒是他的老婆陳璧君很有氣魄，她對汪精衛說：「你怎麼這麼熊呀！死就死了，有什麼大不了的！我們幹革命的，不早就想到這樣的下場了嗎？」經搶救，汪精衛的命保住了，但一顆子彈留在了他的肋骨中間。

早年汪精衛因刺殺攝政王載灃而名聲大噪，那時，他代表著先進的革命勢力，他冒死前行，毫不畏懼。二十五年後，功成名就的汪精衛成了別人刺殺的目標，刺客與當年的汪精衛一樣勇猛無畏，只是汪精衛本人已沒有了當年的銳氣。當年，汪精衛因刺殺攝政王載灃的勇敢之舉而贏得美女陳璧君的以身相許；二十五年後，汪精衛因遇刺後的窩囊表現而遭到老婆陳璧君的呵斥。這中間的轉變著實耐人尋味。一個人，當為了實現理想不惜以命相許的時候，他所爆發出來的能量是驚人的，他幾乎可以讓死神望而卻步；可是，當功成名就之後，他為權力和富貴所羈絆，往往會瞻前顧後，貪生怕死，失去了當年的神勇。人們常說「權力是最好的春藥」，豈不知，權力以及由權力所帶來的富貴有時也是最好的瀉藥。汪精衛前後迥異的表現就是鮮活的明證。

周作人的迷失

　　對於周作人的投降日本，一直有人為他辯護。辯護的理由無非是說周作人「有才」，「學問大」，不致於不識民族大義，並引周作人《知堂回想錄》中一段有名的替自己辯解的話作證：「……請勿視留北諸人為李陵，卻當作蘇武看為宜。此意亦可以奉告別位關心我們的人。至於有人如何懷疑或誤解殊不能知，亦無從一一解釋也。」周作人確實是文章高手，寥寥兩句，就把後人替他辯解的「基調」給定下了。而且還引經據典，又是李陵又是蘇武的，好像自己委屈至極，世人根本無法瞭解，所以只好「述往事，思來者」了。

　　其實，北平淪陷之後，周作人當漢奸是硬生生的事實，他拿了日本人的「特任官俸」，擔任偽職「督辦」，出任汪偽國民政府委員。這些豈是他的辯解所能掩蓋的？

　　如今的問題是，我們應該追問：是什麼促使周作人從一個「大文人」變成了一個「大漢奸」？是哪些心理弱點造成了周作人的「變節」？這些因素對今人又有著怎樣的警示意義？

　　我的回答是：貪圖享受、見利忘義是促使周作人從「大文人」變成「大漢奸」最主要的原因。

　　周作人和魯迅雖然是親兄弟，但兩人的性格和精神氣質卻完全不同。魯迅是一位思想戰士，他早年經歷過父親病亡、家庭從小康到困頓的過程，深刻地體驗了生活的艱辛和世態的炎涼。日後，不論外部環境多麼惡劣，魯迅從不向惡勢力妥協，他一面體味著「濃黑的悲冷」，一面以犀利的批判對抗冰冷的世界。可以說，魯迅始終沒有逃避過生活，沒有逃避過責任。周作人則不

同，家庭困頓之際，有兄長奔走在「藥鋪和當鋪之間」；留學日本之時，有兄長在身邊關照。周作人日後以寫閒適小品著稱，這恐怕與他早年缺乏磨礪的經歷不無關係。在一個對生活的艱辛沒有切身體驗的人看來，「閒適」幾乎就是現實生活的全部，「閒適」幾乎就是人生的終極理想，「閒適」幾乎就是宇宙的真諦！

抗日戰爭全面爆發後，北平淪陷。這時，周作人完全可以像那個時代的絕大多數文人一樣，離開北平，南下，西遷，最後任教於西南聯大。可是，如果這樣，他也就失去了「閒適」的生活——在全民抗戰的大旗之下，愛國的文人教授們早已和國人一起共赴國難了，哪裏還能享受「閒適」？

溫室裏的花朵，或許也會開得嬌豔，可是它缺乏獨立性，缺乏應對風雲突變的能力。在全民抗戰的大變局面前，為了保住自己的「閒適」生活，周作人就只好放棄民族大義了。陳明遠先生寫了一本叫《文化人的經濟生活》的書，詳細考證了各個時期主要文化人的經濟收入和生活水準，其中提到，抗戰時期，文化人的實際經濟收入和生活水準降到了晚清以來的最低點，很多著名教授的薪水根本不足以養家糊口，不少有名的文人（比如湯用彤）只得食粥度日。與之形成鮮明對照的是，當了漢奸的周作人卻過得極端「閒適」——不僅是閒適，簡直是奢侈了。日本人給周作人的「特任官俸」是月薪一千兩百圓，是周作人原來薪水的兩倍。據陳明遠先生考證，當時的一千兩百圓相當於今天的人民幣三萬六千元，絕對是高薪。不必受戰時的顛沛之苦，又能拿到比和平時期還要多得多的高薪，這當然符合周作人「閒適」的生活追求了。只可惜，這樣的生活是靠當亡國奴作漢奸換來的，人格的代價實在是太大了。

抗戰時期，中國的漢奸數以千萬計。政壇最大的漢奸要數汪精衛，文壇最大的漢奸就要數周作人了。兩人都不是凡夫俗子，智商也都不低，可是，在民族大義的問題上，兩者都昏了頭——前者昏於權，後者昏於錢。

　　抗戰的硝煙消散六十多年了，如今，追求高薪、追求財富、追求有品味有情調的「閒適生活」又已成了許多人天經地義的目標。人們能獲得享受「閒適生活」的權利是時代的進步，「閒適生活」本身也沒有什麼錯。但是，我們也應警惕：「閒適」本身就是有代價的——它極易讓人養成貪圖安逸、不思進取、自私自利的性格。同時，沉湎於「閒適」所要付出的代價更大，若為了「閒適」就不惜出賣人格，出賣原則，出賣正義和公理，那實在是悲劇。這，便是周作人對今人的警示。

故

紙眉批
一個傳媒人的讀史心得

逆得順守黎元洪

在人世間，付出與得到之間的關係非常複雜，有的人辛辛苦苦奮鬥了大半輩子才取得一點成績，可有的人毫不費力就達到了同樣的水平；有些人的地位是靠自己的努力贏得的，可有些人的地位卻是憑著運氣好「巧」來的。比如，孫中山先生做民國的臨時大總統，當然是靠多年的奮鬥贏得的，可黎元洪能做副總統，則是因為運氣好，「巧」來的。

黎元洪是湖北黃陂人，1883年考入天津北洋水師學堂，1888年入海軍服役，1894年，參加中日甲午海戰，戰後投靠兩江總督張之洞。1896年，張之洞任湖廣總督，黎元洪隨之到湖北，參與訓練新軍，一步一步地當上了新軍「協統」，相當於現在的旅長。

在革命黨人到湖北新軍中去發展革命勢力的時候，黎元洪對革命並不「感冒」。當武昌起義發生後，黎元洪見清廷大勢已去，便躲藏起來，不料被革命黨人搜出，堅決要請他出來「主持革命大計」。黎元洪開始表示拒絕，可是革命黨人不由分說，簇擁著他到了起義的臨時指揮部，要他在安民文告上簽字。黎元洪連聲說：「莫害我莫害我。」最後還是由革命黨人替他簽下了大名。

佈告張貼之後，武昌城內萬頭鑽動，「都督黎元洪」的大名不脛而走。

黎元洪之被推上革命的前臺，顯然與武昌起義時孫中山、黃興等革命黨的重要人物均不在武漢有直接關係。起義事發倉促，待控制了武昌之後，革命黨人發現還缺少一個首領式的人物。於

是，歷史的浪潮硬生生地把一個清廷的新軍協統推上了革命的風口浪尖。

對黎元洪而言，革命軍「都督」這個職位是「巧」來的，可是，「巧」這個職位之後，黎元洪的作為可圈可點。他很快就順應了歷史的潮流，擁護革命，宣傳「共和」，成了民國時期一位重要的政治人物。孫中山當民國臨時大總統的時候，黎元洪被選舉為副總統。等袁世凱當上大總統的時候，黎元洪仍是副總統。更難能可貴的是，在袁世凱要復辟帝制的時候，黎元洪極力反對。袁世凱封黎元洪為武義親王，可是黎元洪堅決不受。在歷史關鍵時刻，黎元洪守住了「大節」。

這就叫「逆得順守」。雖然黎元洪得到「都督」、「副總統」的官位有極大的偶然因素，但是，在得到官位之後，黎元洪的作為是規規矩矩的。這就比那些用非法的手段撈取官位，然後再用手中的權力去胡作非為的人要好多了。

我們不得不承認，有些人的運氣就是好，好到位子、票子想不要幾乎都不行的地步。東西得來得太容易，很多人就不知道珍惜——官當得容易就四處招搖，錢賺得容易就揮霍無度。這樣的人就不懂得「逆得順守」的道理，他們應該向人家黎元洪學習。

第七章

「易先生」小傳

──丁默村其人其事

在李安導演的電影《色·戒》中，梁朝偉飾演易先生，而這個「易先生」的歷史原型就是漢奸丁默村。電影《色·戒》是根據張愛玲的同名小說改編而來的，而張愛玲的小說又是以鄭蘋如刺殺漢奸丁默村事件為素材創作出來的。

汪精衛投降日本建立偽政權後，原來在國民黨「中統」工作過的特務丁默村投靠到汪精衛的麾下，並成了汪偽政權的特務頭子。因為丁默村曾是國民黨特務，對「中統」和「軍統」的內部機構及活動規律一清二楚，所以在特工戰中，「中統」和「軍統」一度遭到嚴重的打擊。為了改變這種局面，重慶的國民黨當局命令：不惜一切代價幹掉丁默村。最後，「中統」決定採用「美人計」，讓愛國女青年鄭蘋如接近丁默村，然後將其引出，實施刺殺行動。

鄭蘋如曾經是丁默村的學生。因為有師生之誼，所以丁默村開始並沒有懷疑鄭蘋如，以為她不過是一個涉世未深、貪圖金錢的普通女子，所以很快「上套」。

1939年12月21日，丁默村打電話約自己的小情人鄭蘋如一起去赴宴。鄭蘋如將情況彙報給了「組織」，「中統」特務立即做好了中途刺殺丁默村的準備。宴會結束後，鄭蘋如讓丁默村陪自己買皮大衣，丁默村應允，二人遂來到了上海的西伯利亞皮草行──「中統」的便衣特務就埋伏在那裏，刺殺活動好像馬上就該成功了。可是，丁默村畢竟是個老特務，在陪鄭蘋如挑選皮衣之際，他從店內的鏡子裏看到有幾個可疑的人正向自己靠近，就

知道自己中了埋伏他藉掏打火機之機將一大把鈔票撒在地上，然後對鄭蘋如說：「你自己撿吧！」說完，就猛地衝了出去，跳上了汽車。「中統」的特務未料到丁默村會衝出來，等反應過來之後，丁默村已經乘防彈車跑掉了。

「中統」的美人計未能殺死丁默村，卻把鄭蘋如給暴露了。丁默村雖然明知鄭蘋如是「中統」特務，可仍捨不得殺害鄭蘋如。可是，汪偽政權的另一個特務頭子李士群與丁默村爭權奪勢，他不僅查清了鄭蘋如的「中統」特務身份，而且還監聽了丁默村和鄭蘋如的電話。他決定利用此事打擊政敵丁默村，於是命令手下逮捕了鄭蘋如。

在審訊的過程中，鄭蘋如始終聲稱自己不是「重慶的人」，「丁默村與我相好後，又別有所戀，我不甘心，就花錢請人來打他」。言語之中把一個政治暗殺說成是男女之間的爭風吃醋。儘管如此，鄭蘋如還是被秘密處決了，死時年僅二十三歲。作為一個出身名門的美麗女子，鄭蘋如本來可以過著優裕、幸福的生活，可是，為了抗擊日本的侵略，為了清除漢奸，她毅然用自己年輕的生命譜寫了一曲悲歌。

對於丁默村，人們以前對他的認識比較簡單：他是個公認的漢奸，雖然鄭蘋如沒能成功地刺殺他，但抗戰勝利之後，他還是被法庭判處死刑，槍斃了，「最終仍沒有逃脫正義的審判和處決」。惡人終有惡報，順理成章。沒有過多的懸念，因而也就喪失了可供後人評說的話語空間。可是，歷史真實情況遠非這麼簡單。最近，龍應台女士通過翻閱相關檔案，考證出了一段有關丁默村的較為曲折的歷史故事。鑒於此，我覺得有必要將丁默村其人其事向大家做一個較完整的介紹。

丁默村，原名丁勒生，1903年生於湖南常德。其父略通文墨，以縫紉為生，兼裝裱字畫，家道小康。1921年，年輕氣盛的丁默村隻身前往上海闖蕩社會。在上海，他積極參加青年學生運動，不久就加入了中國社會主義青年團。1922年春，丁默村被派

往湖南常德省立二師組建團組織，到了這一年的6月，社會主義青年團在湖南常德成立「地方執行委員會」，丁默村擔任團組織書記。1923年，「執委會」改選，丁默村失去了書記一職。他為此憤憤不平，並於1924年1月再次出走上海，並在同一年叛離共產黨，轉而加入了國民黨。

加入國民黨後，他在陳立夫手下當國民黨中央組織部調查科辦事員，「調查科」轉向特工行動後，他也隨之做了國民黨的特工，成了陳立夫手下的得力幹將。汪精衛投降日本建立偽政權後，丁默村又投靠到汪精衛的麾下，成了汪偽政權的特務頭子。因為丁默村曾是國民黨特務，對「中統」和「軍統」的內部機構及活動規律一清二楚，所以在特工戰中，「中統」和「軍統」一度遭到嚴重的打擊。為了改變這種局面，重慶的國民黨當局命令：不惜一切代價幹掉丁默村。最後，「中統」決定採用「美人計」，讓鄭蘋如接近丁默村，然後將其引出，實施刺殺行動。這才引出了鄭蘋如刺殺丁默村事件，電影《色·戒》所著力表現的就是這段故事。

龍應台考證出的新資料主要集中在以下部分。在鄭蘋如因為刺殺丁默村未遂而被秘密槍決之後一年，也就是1941年，丁默村當年的老上司、時任國民政府教育部長的陳立夫又與他秘密聯絡，對其做「策反工作」。陳立夫對丁默村「曉以大義」，指示他應該設法「脫離偽區」，如果不能「脫離偽區」，就當「伺機立功，協力抗戰」。為了招降丁默村，陳立夫和戴笠都曾對他提出保證。陳立夫應允丁默村可以「戴罪立功，應先有事實表現，然後代為轉呈委座（即蔣介石），予以自首或自新」。戴笠則說得更明確：「弟可負責呈請委座予以保障也。」

陳立夫「策反」成功，往後的幾年，丁默村表面上是汪偽政府的交通部長、福利部長，私底下，他為戴笠的軍統局架設電臺，提供情報，並且聽從戴笠的指示，不斷營救被捕的重慶國民黨的地下工作人員。日後，在審判丁默村的法庭上，這些被營救

的國民黨情報人員也都出庭作證，承認自己被丁默村營救過。可見，丁默村和重慶政府的合作是毫無疑義的。

在日本戰敗以後，局勢混亂，重慶的國民黨政府為了防止共產黨發展勢力，又適時地運用了丁默村這個棋子。1945年8月，他被蔣介石任命為「軍事委員會浙江地區軍事專員浙江省軍委員」，幫助國民黨控制浙江的局面。

也就是說，此時的丁默村已不再是漢奸，而成了國民黨政府裏一員降將。既然如此，那麼丁默村為什麼還會以「漢奸」的罪名被處死呢？

事情充滿了戲劇性。當蔣介石和他的國民黨政權在需要丁默村的時候，他們可以不管漢奸不漢奸的問題，先委任他為「軍事委員會浙江地區軍事專員浙江省軍委員」，讓他先幫著控制局面。等到了自己能控制局面的時候，蔣介石就又覺得丁默村「礙眼」了——丁畢竟在汪偽政權裏當過高官，在老百姓的眼中，他可是真材實料的漢奸呀。讓這樣的人繼續做高官，蔣介石覺得有損面子，於是，蔣介石又在1945年9月底下令逮捕了丁默村，先將其關押在重慶的白公館，隨後又轉到南京老虎橋監獄。

在法庭上，丁默村為自己辯解。當年被他營救過的國民黨特工也具函作證，證明了丁默村先是漢奸後又成為臥底的事實。鑒於這種情況，法院決定暫不宣判，先把丁默村關在獄裏拖一拖再說。《陳立夫回憶錄》中記載，丁默村本來可以不死，但有一天他生病，從獄中出來看醫生，看完醫生之後他又順便去遊覽玄武湖。在玄武湖看風景的時候，他被一家報紙的記者認了出來。這名記者拍下了丁默村遊覽玄武湖的照片，照片見報後，輿論譁然——明明是在押的漢奸，怎麼能出來遊玄武湖呢？蔣介石得知此事後，非常生氣，說：「生病還遊什麼玄武湖？槍斃！」於是，丁默村被判處死刑，並於1947年2月8日被槍斃。有人說，丁默村是為了貪看風景才引來殺身之禍的。此話固然是戲語，但也不能說一點道理都沒有。

　　丁默村是一個經驗豐富的特工。在動盪的年代裏，他選擇做一個雙面間諜，意在兩邊押寶，無論誰輸誰贏，他丁默村都可以從贏家那裏分得一杯羹。可是他最後還是失算了。說到底，他的老謀深算、心狠手辣用來對付年輕女子鄭蘋如可以，用來對付蔣介石則不成，因為「老蔣」比他更心狠手辣。在面對鄭蘋如時，他丁默村是刀俎，鄭蘋如是魚肉；但是當對手換成了蔣介石時，他丁默村就成了魚肉，蔣介石才是刀俎。可見，比普通人陰狠的是間諜，比間諜陰狠的是雙面間諜，而比雙面間諜更陰狠的是政治獨裁者，比如蔣介石。

故

紙眉批

一個傳媒人的讀史心得

第八章

史迪威的「水土不服」

在一本書中，我看到過一幅蔣介石夫婦與美國史迪威將軍的合影：宋美齡站在中間，兩隻手臂分別挽著蔣介石和史迪威，蔣介石和宋美齡微笑著，而史迪威則用一種美國人特有的表情望著前方。這張照片拍攝於緬甸，時間是1942年4月。在我看來，這張照片實在是有點意味深長：一個美麗、優雅、兼通中西的顯赫女人力圖使兩個分屬東西方的男人聯合起來以進行愉快的合作。可惜的是，這兩個男人的性格和文化差異實在是太大了，他們之間的抵牾很快就發生了。

1941年12月，日本偷襲美國的珍珠港，太平洋戰爭爆發。為了對付共同的敵人日本，中美兩國迅速展開了軍事合作。史迪威中將當時被譽為「美國軍隊中最有才華的軍團指揮官」，他對中國有出色瞭解，同時，馬歇爾上將還特別器重他。這些因素加在一起，使他得到了一份「在整個戰爭期間，對任何美國人來說都是最困難的工作」。他被選派為蔣介石的盟軍聯合參謀部參謀長和中緬印戰區美軍總司令，美國軍方給他的赴華使命是：「為進行戰爭，提高美國對中國政府援助的效力和幫助中國軍隊提高戰鬥力。」這樣，史迪威將軍代表美國軍方來到了中國。

史迪威將軍是美國的職業軍人，他對缺點直言不諱，不喜歡官僚主義的繁文縟節和裝腔作勢。這種在美國人看來是極其優秀的品質，到了中國之後馬上水土不服。蔣介石的個性正好與史迪威相反，他愛慕虛榮，注重含蓄，強調上下尊卑，有著極強的「身份意識」。於是，史迪威與蔣介石的矛盾不可避免地發生了。赴華工作不久，史迪威就視蔣介石為「一個無知、專橫、頑

固不化的人」，他在朋友中間輕蔑地稱蔣為「花生米」。同時他還看不慣國民黨政府的腐敗和獨裁，說國民黨政府的獨裁和德國納粹的獨裁一樣，都是「強盜行徑」。現在看來，史迪威將軍的見解非常深刻。可是在當時，蔣介石知道了史迪威對他的態度後，反過來也討厭這個美國人。

當然，性格不合之外，兩人的工作目標也根本不同。史迪威將軍關心軍事問題，他要對「美國對中國政府援助的效力」負責，同時要提高中國軍隊的戰鬥力，以促進抗日戰爭的勝利。他認為，國民黨軍隊「總的來說處在令人絕望的狀態」。為此，他建議裁軍一半，清掉不稱職的軍官，同時由美國來訓練和裝備首批三十個師，最後達到一百個精銳師的規模。他還建議改變軍事物資的運輸只依賴駝峰航線的狀況，只有開闢一條經緬甸的陸上運輸線，才能保障足夠的軍事物資裝備軍隊，以打敗日軍。

在蔣介石看來，史迪威關於裁軍和發動對日本軍隊進攻的建議是十分討厭的。因為改編軍隊將打破中國政治力量的平衡，不利於蔣介石和國民黨政府的「穩定」。如果按照史迪威的主張去做，軍權還有可能落入蔣的政敵——比如李宗仁和白崇禧——之手。另外，到了抗戰的相持階段，蔣介石的國民黨政府一直消極抗日。蔣介石認為，盟國參加戰爭以後，最終戰勝日本是肯定無疑的。但是，他與共產黨的角逐尚屬未定之局。所以，他的首要任務是保存軍事實力和增強自己的個人權力。

史迪威和蔣介石的合作很不愉快，改變軍隊的計畫被擱淺，國民黨軍隊的戰鬥力也沒能得到提高。到了1944年，豫湘貴戰役爆發，國民黨軍隊一潰千里，徹底暴露了國民黨軍事上的無能和腐敗，同時也暴露了國民黨政府消極避戰的思想。此時，史迪威認為「治療中國頑症的藥方就在於除掉蔣介石」，他甚至以詛咒來表達他對蔣介石的不滿：「為什麼暴死就不能在適當的地方降臨呢？」豫湘貴戰役的徹底失敗，使美國的羅斯福總統也對蔣介石感到失望，他於1944年9月19日給蔣介石發電報，要求蔣授權

史迪威「不受限制地指揮您的全部軍隊」。這份電報是史迪威親自交給蔣介石的。史迪威當時的狂喜之情溢於言表，他在當天的日記中寫道：「我把這包紅辣椒面交給花生米，……『投槍』擊中了這個小人物的太陽穴，並且穿透了他。真乾淨利索，他除了臉色發青，說不出一句話來，眼睛一眨不眨。」

羅斯福的電報等於剝奪了蔣介石的軍事指揮權。這蔣介石豈能接受？蔣介石不屈不撓地勸說羅斯福召回史迪威。一個月之後，勸說奏效，史迪威將軍被召回，接替史迪威的是魏德邁。

反觀史迪威將軍在中國兩年多的工作經歷，我們可以得出如下結論：其一，作為美國的職業軍人，史迪威來到中國後明顯「水土不服」；其二，因為「水土不服」，史迪威的很多建議沒有被採納，他的工作不能說卓有成效；其三，也是最重要的一點，對史迪威的「水土不服」該如何評價？回顧歷史，該指責的到底是史迪威還是蔣介石？抗日戰爭已經勝利六十多年了，但是中外交往還繼續。從這個意義上講，蔣介石和史迪威之間不愉快的合作為我們提供了一份失敗的案例。我們當然可以說，失敗是外人對中國的「特殊國情」不瞭解所致——外人來華工作，不瞭解中國的「特殊國情」，「水土不服」，失敗了活該。可是，我們能否從另一個角度思考一下：如果我們的「水土」中含有許多毒素，我們又有什麼資格要求別人來「服」？人家不「服」，尚且健康，一「服」就中毒，人家幹嘛要「服」？譬如史迪威，他是一名優秀的美國職業軍人，可如果「服」了中國的「水土」，他就會變成跟蔣介石一樣的政客與官僚。在這種狀況下，我們批評的指向到底是該針對「不服水土」的人呢？還是該針對含有毒素的「水土」？這個問題顯然值得我們深思。

故

纸眉批

一個傳媒人的讀史心得

第九章

李斯的倉鼠之悲

　　李斯的人生觀是通過觀察「廁鼠」和「倉鼠」的不同待遇而確立起來的。

　　日後成為大秦帝國丞相的李斯最初是楚國上蔡人，他出生於平民之家，年輕時，曾在郡裏當小吏，掌管文書。可是，就在當這個微不足道的小官的過程中，李斯觀察到了一個現象：同為老鼠，待遇卻大大不同。廁所中的老鼠又髒又臭，每天吃髒東西，見到有人或狗走來時，就受到驚嚇。再看糧倉中的老鼠，日子就過得舒服多了，它們吃的是囤積的糧食，住在大屋子裏，不怕風雨，也不用擔心人或狗的驚擾，所以長得又肥又大。李斯由老鼠及人，慨歎道：「人之賢與不肖譬如鼠矣，在所自處耳！」意思是說，一個人有出息或沒出息，過得好還是不好，就如同老鼠一樣，是由自己所處的環境決定的。這個理論深刻地影響了李斯後來的人生選擇。

　　李斯當然不甘心做「廁鼠」，於是他先跟荀卿學帝王之術，學成之後感到「楚王不足事，而六國皆弱」，就到了秦國。他先做呂不韋的門客，後來為秦王嬴政所賞識，為秦王成就統一六國的霸業出謀劃策。在這個過程中，李斯既表現出了他過人的政治才華，也顯露出了他嫉賢妒能、為了目的不擇手段的卑劣品質。在一點突出地表現在李斯陷害韓非一事上。李斯和韓非都是荀卿的學生，李斯自認為不如韓非。韓非是戰國時期法家思想的代表人物，他是韓國的公子，多次上諫韓王，但不被韓王所用。韓非的著作《孤憤》、《五蠹》等傳到秦國，秦王嬴政讀後很欣賞，說：「嗟乎，寡人得見此人與之遊，死不恨矣。」李斯告訴

秦王，這些文章是韓非寫的。後來秦國攻打韓國，韓國派韓非出使秦國。秦王見到欽佩已久的韓非，心裏很高興。這個時候，李斯害怕韓非將來被秦王重用，影響了自己前途，就開始使壞。李斯先跟秦王說，韓非畢竟是韓國的公子，他最終肯定是要為韓國效力而不會為秦國所有的。這個人才既然不能為大王所用，您再把他放回韓國，就等於是自留後患，還不如殺了他。秦王一聽也有道理，就把韓非給抓了起來。接著，李斯又派人給韓非送去了毒藥，逼其自殺了。為了怕同學超過自己，就使出如此狠毒的手段，李斯為人之卑鄙由此可見一斑。

秦王嬴政統一了六國後，任命李斯為丞相。至此，李斯徹底完成了從「廁鼠」到「倉鼠」的蛻變。李斯以法家思想治理國家，他堅決主張實行中央集權的郡縣制，同時建議拆除郡縣城牆，銷毀民間的兵器，以加強對人民的統治；還建議焚燒民間收藏的《詩》、《書》、百家語，禁止私學，以加強專制主義中央集權的統治。他的這些建議都被秦始皇採納了。一時之間，李斯達到了他的權力巔峰。

這個時候，他的幾個兒子全部娶了秦朝的公主，幾個女兒也都嫁給了秦國的公子。他的長子李由還做了三川郡守——一個很大的地方官。一次，李由請假回咸陽，李斯在家中請客，為長子接風。這個時候，「百官長皆前為壽」，滿朝的高官都來敬酒祝賀，巴結李斯，李家門前的車馬數以千計，熱鬧非凡。

面對這一番景象，李斯喟然而歎：「嗟乎！吾聞之荀卿曰『物禁大盛』。夫斯乃上蔡布衣，閭巷之黔首，上不知其駑下，遂擢至此。當今人臣之位無居臣上者，可謂富貴極矣。物極則衰，吾未知所稅駕也！」翻譯成現代漢語就是：「唉呀！我聽荀卿說過『事情不要搞得過了頭』的話。我李斯原本是上蔡的平民，街巷裏的百姓，皇帝不瞭解我才能低下，才把我提拔到這麼高的位子上。現如今做臣子的沒有比我職位更高的了，我的富

貴榮華已經到了極點。物極必反，我真不知道我的歸宿在何方啊！」

在位極人臣、眾賓喧譁之際發出這樣的慨歎，雖然與歡樂的氣氛不搭調，但它恰好暴露了李斯真實的內心世界。李斯畢竟是有思想有文化的高官，即便在位高權重之際，即便在拍馬奉承之詞不絕於耳的宴會上，他也對自己有著清醒的認識，知道自己有幾斤幾兩——自己的出身並不高貴（平民出身），自己的志向也不遠大（只是想做一隻「倉鼠」而已）；自己的人格也不高尚（善於鑽營，在骨子裏是個自私自利的人）。這樣的一個人，生逢亂世，僅靠帝王之術，居然於陰差陽錯之間爬到丞相的位子上，榮華富貴享受到了極點。這樣的福份是我李斯能承擔得起的嗎？榮華富貴享盡之後，將來的日子恐怕會不妙吧！

李斯的擔心一點都不多餘。

李斯是靠著秦始皇的賞識和提拔當上丞相的，他人生的下坡路也是從秦始皇「駕崩」開始的。秦始皇死後，李斯與趙高合謀，偽造遺詔，迫令秦始皇的長子扶蘇自殺，立胡亥為秦皇帝，是為秦二世。趙高和李斯密謀政變的地點在沙丘，所以此事被稱為「沙丘政變」。沙丘政變之初，李斯是不同意趙高的做法的。但趙高跟他說，如果不發動政變，那麼扶蘇當上皇帝後肯定任用蒙恬為丞相，那時還有你李斯什麼事呀，你還不得退休回家？李斯也承認，自己在能力、功勞、謀略、美譽度、扶蘇的信任程度等五個方面都不如蒙恬。為了保住丞相的官位，李斯最終和趙高一起發動了沙丘政變。

將胡亥立為皇帝之後，趙高得以把持秦朝大權。為了控制權力，趙高開始了殘酷的政治清洗，他殺扶蘇、殺蒙恬蒙毅兄弟、殺老臣、殺秦諸公子、諸公主。在整個過程中，李斯始終都是趙高的應聲蟲。為了保住自己的官位，李斯把原則、正義、良知等統統都放棄了，即便如此，他最後還是被趙高忌恨，陷害下獄，以謀反治罪，「腰斬咸陽市」，「夷三族」。在押赴刑場的路

上，他對兒子說：「吾欲與若復牽黃犬，俱出上蔡東門逐狡兔，豈可得乎！」

以發誓要做「倉鼠」開始，以「腰斬咸陽市」、身首異處而告終，李斯傳奇的一生著實令人唏噓不已。就才能而言，李斯絕非庸人可比。他還擅長書法，主持整理出了小篆字體。此外，文章也寫得很好，〈諫逐客書〉一文便是他的代表作。李斯的可悲之處在於，他用一種極端自私的實用的人生觀來指導自己的行動，不擇手段地追求權勢。為了掃除可能的競爭對手，他就害死了自己的老同學韓非；為迎合秦始皇，他就建議「焚書」；為保住丞相的官位，他就參與沙丘政變，陷害忠良。他的理想就是做一隻「倉鼠」，這個理想本身就不高尚，可就為了這個並不高尚的理想，李斯便把道德、良知、正義等人生最珍貴的品格全拋棄了。這是他人生中最大的悲劇，也是他給後人留下的最深刻的教訓。

第十章

成為絕唱的魏徵

一

　　魏徵是河北巨鹿人，在隋朝末年紛繁的戰亂中，他的前半生並不順利。他先是跟隨李密東征西討，李密投降唐朝後，他也跟著投降大唐。當時，李密的舊部還在河南、河北等地，魏徵就主動要求去招撫這些人，可是，招撫了舊部之後，他們被竇建德的軍隊打敗，被俘後的魏徵又投靠竇建德。後來，竇建德的軍隊在武牢關之戰中被李世民擊敗，這時他才有機會逃回長安。回到長安後，他成了「太子李建成的人」，又捲入了皇室內部的爭鬥。他忠誠地站在太子李建成一邊，建議先發制人，採取果斷手段「解決」李世民。可惜，他的建議未被採納。結果，李世民先發制人，發動了玄武門之變，一舉「解決」了太子李建成和三弟李元吉。這之後，魏徵才以一個「戰俘」的身份近距離地接觸到了李世民。

　　據史書記載，玄武門之變後，李世民「召見」魏徵，責問道：你為什麼離間我們的兄弟關係？

　　面對這句氣勢洶洶的逼問，別人都十分害怕——天子很生氣，後果一定很嚴重！可是，身為戰俘的魏徵卻「舉止自若」，他的回答是：如果前太子採納了我魏徵的建議，就一定不會有今天的災禍。

　　魏徵此言一出，李世民反而「改容禮之，引為詹事主簿。」

可以說，這對君臣的第一次過招就精彩紛呈。後人分析，魏徵的回答雖然看上去是答非所問，口氣還「死硬」的，可是這裏面暗藏了很多玄機，潛臺詞異常豐富：其一，我魏徵對這場宮廷鬥爭有著清醒的認識，如果李建成聽我的，他就不會失敗，這說明我是一個很好的謀臣；其二，我對你李世民很欽佩。我的正確建議沒有被李建成採納，卻被你李世民採納了，這說明我們兩個是「英雄所見略同」。如果我是你李世民的手下，我也就不會懷才不遇了。

作為一代明君，李世民顯然聽懂了魏徵回話的豐富內容，所以「改容禮之」。這是兩大高手之間的過招，兩者並沒有一招一式地真正對弈，他們僅僅憑著對上一局棋的復盤評點就知曉了各自的高超棋力，並且高度默契地認為對方正是自己所要尋找的人。你說這一幕精彩不精彩？

二

當然，魏徵更精彩的作為還在後面。李世民當上皇帝之後，首先面臨的一個問題就是制定基本的執政方向。在這個問題上，相當多的大臣主張用法家「嚴刑峻法」的理念治理國家，但是，魏徵據理力爭，堅持儒家「仁政」的治國理念，主張「輕徭薄賦」，「休養生息」。最後，李世民採納了魏徵的主張。這便是「貞觀定策」。制定正確的國策，是唐朝日後能開創貞觀之治盛世局面的理論基礎。而在這一點上，魏徵功不可沒。後世的人們往往只談魏徵如何敢於進諫，而很少提到他在貞觀定策中所展現出來的高遠的政策眼光和堅定的治國理念，這顯然是不全面的。貞觀定策之後，魏徵在唐朝政壇的作用愈加重要，他一次次地觸犯龍顏，向李世民進諫，李世民也一次次地虛心納諫，由此，二人演繹出了一段傳誦千秋的佳話。

貞觀十七年，**魏徵**去世，李世民失聲痛哭，然後說出了那段名言：「夫以銅為鏡可以正衣冠；以古為鏡可以知興替；以人為鏡可以明得失。朕常保此三鏡，以防己過。今**魏徵**殂逝，吾亡一鏡矣！」作為一位諍臣，能得到君王如此的嘉許，**魏徵**若地下有知，也該感到欣慰了。

就這樣，**魏徵**被當作善於進諫的賢臣形象被定格歷史畫卷上。在後人看來，他是諍臣的典範，後世也確實有很多文臣學習**魏徵**。他們向自己的君王進諫，甚至不惜「死諫」，但是，他們中再也沒有人能複製李世民與**魏徵**之間的那種君臣無猜、情感深厚、同心治國的歷史佳話了。就個人而言，宋朝的寇準和明朝的海瑞都有酷似**魏徵**的一面：性格剛直，為官清廉，敢於犯顏進諫，可惜的是，他們的君王不是李世民，他們所生活的朝代也不是氣度宏闊的唐朝。

魏徵由此成了絕唱。

三

我們很容易就能得出這樣的結論：**魏徵**之所以成為**魏徵**，在他個人的原因之外，也與唐朝貞觀時代那種特定的政治氛圍及人文環境密不可分。

首先，**魏徵**遇到了一代明君李世民。李世民成為明君，屬於典型的「逆取順守」。在中國封建時代，皇位實行嫡長子繼承制。按照這個制度的規定，唐朝的第二任皇帝顯然應該是太子李建成的。可是，由於李世民戰功太大，名聲太響，政治勢力也越來越大，對太子李建成構成了極大的威脅。兄弟之間的矛盾一天天地白熱化，最後，李世民發動了玄武門之變。玄武門之變後，父親李淵被迫讓位給李世民。就這樣，李世民背著殺兄逼父的道德壓力登上了皇位。作為一個有良知的人，李世民深知皇位來之

不易，感到自己必須把國家治理好才能實現救贖。更何況，父親太上皇還在，如果不把國家治理好，如何能理直氣壯地面對父親呢？從這個意義上講，玄武門之變在給了李世民皇位的同時，也給了他一種巨大的心理壓力。

顯然，李世民把這種心理壓力轉化成了治國動力——他本人有著比其他君王更強烈的治理好天下的願望。而要把天下治理好，就需要敞開胸懷，吸納更多人的智慧，這些都促使李世民在內心深處認同臣子的真心進諫，而他自己則在行動上肯於納諫、善於納諫。這種明君氣度無疑有助於諍臣的大批湧現，而魏徵當然是諍臣的典範。

其次，魏徵在貞觀時代不是孤立的。魏徵剛直的品格、清廉的操守和敢於進諫的勇氣在當時並不是「稀缺資源」。魏徵進諫有功，李世民給過他很多賞賜，可是，魏徵死的時候家無餘財——他把所得的賞賜全用於賑濟災民了。中書令岑文本住的房子又小又濕，家裏同樣清貧。有人勸他經營一點產業，他卻說，我沒有什麼功勞，僅僅因為能寫文章就當了這麼大的官，這已經很讓我擔心了，我哪裏還有心思經營產業？尚書右僕射、歷史上有名的帥哥溫彥博同樣不治自己的家產，他死的時候，家裏連體面一點的弔喪場地都提供不出來。李世民聽到這種情況後感慨不已，下令為溫彥博修建「正寢」，並撥給了一筆喪葬費。如此高官，死後卻如此清貧，由此可見，貞觀時期確實政治清明，很多大臣都有良好的道德操守。設想一下，如果魏徵生活在明代的嘉靖年間，他的處境會怎樣？皇帝二十多年不上朝——他的心思根本就不用在治理國家上。同時，官場黑暗，「清官」是絕對的少數，異類。在這種情況下，你的清廉和剛正與整個社會風氣格格不入，你的政治理想如何實現？確實，你可以剛正，可以清廉，但是，你的建議沒人採納，你的才能不能充分施展，你能奈何？當然，你還可以做忠臣。不過，忠臣和良臣之間的差距那可就大了。對此，魏徵有著深刻的論述。他對李世民說：「臣以身許

國，直道而行，必不敢有所欺負。但願陛下使臣為良臣，勿使臣為忠臣。」李世民問：「忠良有異乎？」魏徵說：「良臣使身獲美名，君受顯號。子孫傳世，福祿無疆。忠臣身受誅夷，君陷大惡。國家並喪，獨有其名。以此而言，相去遠矣。」李世民說：「君但莫違此言，我必不忘社稷之計。」這段君臣對話著實發人深省。

魏徵敢於向李世民進諫，其實別的官員也敢於這樣做。比如當時有個叫張玄素的大臣就力勸李世民不要修建洛陽宮。貞觀四年，李世民下令修建洛陽宮，理由是以後總會去洛陽辦公。張玄素就勸阻說，現在還有很多更重要的事情要做，不應該花錢來修建洛陽宮。並舉例說，隋煬帝就曾大興土木，結果亡了國。李世民對此非常不高興，就問張玄素，你說我不如隋煬帝，那比夏桀、商紂王如何呀？這明顯就是發火了。可張玄素不怕，從容回答，如果非要大興土木不可的話，那國家最後一定會與宮殿一起毀於戰亂。最後，李世民承認自己考慮不周，停止修建洛陽宮。類似的事件如果放在明朝會有什麼結果呢？要麼沒有大臣敢給皇帝提意見，要麼提意見的大臣被皇帝「廷杖」乃至處死。權力高度集中的結果必然使皇帝變成真正的「孤家寡人」——大臣們已然與他離心離德了。

最後要說的是，在貞觀時期，李世民也罷，魏徵也罷，其他的名臣也罷，大家的心裏還是有政治原則的。魏徵是一個有著堅定政治信仰的人，他把百姓蒼生的福祉看得很重很重。重到什麼程度呢？我們可以看他與李世民的一段對話。魏徵前半生經歷不順，他多次「政治跳槽」，跟隨李密，投降竇建德，之後又跟隨太子李建成，最後才成了李世民的大臣。用「忠臣不事二主」的傳統倫理來衡量，魏徵的個人氣節並不值得嘉許。李世民也曾向魏徵提出過這個問題，暗含的意思是：你怎麼對人不忠呢？魏徵對這個問題的回答非常精彩。他說，我確實跟隨過李密、竇建德、李建成等很多人，但是，我的最終目標不是忠於某個人，我

幫助他們是要通過他們拯救天下蒼生。顯然，在魏徵的心中，天下蒼生的位置是重於具體的某一個政治強人的。一千多年以後，讀到這段歷史的時候，我怦然心動。魏徵的思想境界遠遠高於明清時代的迂腐文人。宋朝之後，被程朱理學毒害的文人越來越拘泥於所謂的「忠義」，「平日袖手談心性，臨危一死謝君王」成了很多末世文人的人生寫照。他們只知道忠於某一個具體君王，豈不知在君王之外，還有著廣大的百姓蒼生！與這些人相比，我覺得魏徵身上洋溢著「為百姓請命」的可貴光輝，而這或許才是他敢於一次次犯顏進諫的思想底氣之所在。而李世民信任魏徵，即表明他對儒家「民本」理念的真心認同。君臣的心中都裝著百姓蒼生，交流起來就沒有心理障礙和思想隔閡，同時也避免了相互猜忌。否則，皇帝想的是如何大權獨攬，大臣們想的是如何巴結奉承，那還怎麼做到君臣團結、勵精圖治？

總之，在唐朝的貞觀年間，封建社會的各種制度還沒有僵化，皇權還沒有高度集中，儒家「仁政」、「民本」的理念還在被真心地實踐著，官場風氣在整體上還沒有被污染，正是在這一系列的大背景之下，又恰逢一代明主李世民當政，魏徵才能把自己的才能發揮到最大的程度。

一句話，李世民和魏徵之間和諧的君臣關係是一則歷史特例。在漫長的封建時代，君臣之間的人際關係的主題是猜忌、利用、抱怨和互相傷害。有政治理想的朝臣遭遇到了沒有政治氣度的君王，有操守的官員進入了一個沒有是非只有恩怨的污濁官場，這才是歷代清官們普遍面臨的悲劇！

最後要說的是，要想最大限度地培養清官，恐怕就不能僅僅依賴於李世民與魏徵這樣明君與諍臣的個案模式。

持久的現代民主制度才是正確的選擇。

李白的成名之路

想出名是一件很難的事，即便你是才華蓋世的李白。

李白於西元701年出生在巴爾克什湖以西的碎葉，五歲的時候隨父遷居四川彰明縣的青蓮鄉。李白的父親李客是一個有文化的富商，他在李白還很小的時候就教李白讀司馬相如的〈子虛賦〉，對李白進行文學啟蒙教育。

李白當然很聰明，但他剛開始讀書的時候並不太用功——可能像很多孩子一樣，比較貪玩吧。據說，有一天他遇見了一個老婆婆，這個老婆婆拿著一根鐵棒在河邊的石頭上磨。李白問老婆婆在幹什麼，老婆婆告訴他要把這根鐵棒磨成針。李白覺得鐵棒這麼粗，要磨成針是不可能的，就勸老婆婆不要費勁兒了。可老婆婆告訴他，只要肯下功夫，堅持下去，鐵棒是可以磨成針的。李白聽後很有感觸，從此開始用功讀書。

十八歲的時候，李白已經很有學問了。讀書治學期間，他還順便練習了劍術，因為他除了想做管仲一樣的賢相外，還對荊軻、聶政一類的俠客很神往，希望自己有一天也能行俠仗義。

有了學問和志向之後，青年人便不甘心窩在偏僻的家鄉，李白也是如此，他渴望到更廣闊的天地去施展拳腳，建功立業。於是，為了尋找發展機會，他踏上了漫長的外出遊歷的道路。他首先來到了梓州。

梓州最吸引李白的不是風光，而是一個叫趙蕤的縱橫家。趙蕤年輕時已有經國濟世之志，可惜他多次去朝廷應試都不中，便隱居山中，寫作了一部凝聚自己畢生才學的著作《長短經》。拜見趙蕤之後，李白對這位傳奇老人十分欽佩。趙蕤對李白也十分

賞識，就悉心傳授李白以「治平之道，立身之學」。縱論古今之餘，兩個人還在林中擊劍為戲，縱酒高歌，好不快活！趙蕤告訴李白，要想真正建功立業，就要吸取我趙蕤的教訓，不要對科舉抱有幻想，為科舉誤了學問和人生，而要走科舉之外的道路。科舉之外的道路便是讀萬卷書、行萬里路，靠真才實學贏得民間聲望，等聲名顯赫、聞達京城的時候，皇帝自會下詔求賢。這時你就可以平步青雲、大展宏圖了。

李白在梓州趙蕤那裏待了兩年多，這段時間對李白至關重要。可以說，趙蕤給李白所進行的成才設計深深地影響了李白日後的人生軌跡和思想選擇。終其一生，李白對人生都抱有一種「不飛則已，一飛沖天」的浪漫設想。這種氣質反映到他的文學創作中，便形成了李白豪放不羈、傲岸奔放的詩風。

二十歲的時候，李白告別趙蕤，離開梓州到了成都。在去成都的路上，李白聽說當時著名的作家蘇頲出任益州大都督府長史，到成都上任。李白趕緊帶上自己的文章去求見蘇頲，希望能得到蘇頲的指點和襃揚。蘇頲接見了李白，讀了李白的文章後，他對李白說，你的文采很好，只是風骨尚未形成，只要用功努力，用不了多久，就可以與你的老鄉司馬相如相提並論了。蘇頲對李白文學才華的肯定並不是廉價的敷衍，他後來在寫給朝廷的〈薦西蜀人才疏〉中還特意提到李白，稱其「頗有文采」。可見李白在二十歲左右就已經把詩文寫得很好了。這是他日後成名的一個最重要的基礎。

李白在蜀中周遊了四、五年的時間，他一邊遊歷一邊尋找發展機會。在遊歷的過程中，他寫下了很多詩，但是他並沒有找到滿意的發展機會。於是，他乘船東下，到了湖北的安陸。在安陸，他娶了第一位夫人許氏，許氏出身豪門，其爺爺是前宰相許圉師。在安陸，李白過了十年逍遙的日子。修道煉丹、旅遊寫詩成了他這段時期生活的主要內容。李白雖然很想迅速成名，以便實現建功立業的理想，但他堅決不走科舉的道路。他認為，通過

積累民間聲望也可引起朝廷的注意。可是，經過十年的積累，李白的名氣依然不大，而這時他已經快四十歲了。無奈之下，他只得來到大唐的國都長安。

在唐朝，文人要想成名大都要投靠權貴，通過權貴的引薦才可脫穎而出。可是，身為「外省人」，想結識權貴並不容易——哪怕你有點才華。李白七轉八拐，終於結識了大唐王朝的一位駙馬，可是，這位駙馬只把李白安排在玉真公主終南山的別墅裏暫住，並不向唐玄宗推薦。不管怎麼說，這時的李白是可以陪著玉真公主談玄說道、吟詩作賦了。玉真公主是唐玄宗的妹妹，很早就出家修道了。所以，玉真公主並不能很快就把李白引薦給唐玄宗。李白感到失望，過了一段時間就離開了終南山，返回了湖北安陸。

回到安陸之後，他繼續干謁權貴，廣交文人名士，旅遊寫詩。這期間，李白多次向權貴自薦，多次受挫。他也一度意志消沉。意志消沉的時候他就跟道士煉丹，跟隱士喝酒作詩，跟文人相互唱和。這樣過了五、六年之後，李白的詩名終於被朝廷認可了。西元742年，唐玄宗下詔徵李白入京。

這時，李白已經年過不惑了。

到長安後，李白見到了文壇老前輩賀知章。賀知章當時八十多歲，早已功成名就了，他是太子的門客，詩寫得好，也擅長書法，所以，政壇、文壇的人都買「賀老」的帳兒。賀知章以前就讀過李白寫的詩，這次見到了李白本人，立即便喜歡上了這位氣度非凡的詩人，驚歎為「謫仙人」。經過皇帝的徵召，再加上賀知章的揄揚，李白遂名滿天下。

成名之後的李白在政治上並沒有做出大事。他的職務是翰林學士，也就是皇帝的文學顧問，主要的工作就是陪唐玄宗飲酒賦詩。唐玄宗對李白的詩歌才華非常欣賞，李白也著實過了一段春風得意的生活。可是，李白終究是詩人，他不拘小節、恃才放曠

的性格十分容易得罪權貴，最後遭受排擠，被皇帝「賜金放還」了——多給你一點錢，這份工作你就別幹了。

被皇帝辭退之時，李白的名氣已經很大了，他無事可做，只得繼續旅遊、寫詩。安史之亂爆發後，他在政治上「站錯了隊」，當了永王李璘的幕僚。李璘兵敗被殺後，李白也受到了政治清算，被流放夜郎（今貴州桐梓一帶）。後來遇上朝廷大赦，李白在返程的途中病逝於安徽當塗。

李白是歷史上一流的詩人。可是他生前的成名之路充滿了艱辛，成名之後也並沒有真正實現自己的人生抱負。當然，這與當時的社會有很大的關係。不過，我們也必須說，李白的成名經歷對今人亦不乏教育意義。當大家都說「出名趁早」，都火急火燎地想成名的時候，有定力的年輕人是不是可以用李白的例子來自勉呢？才華蓋世的李白都那麼晚才出名，我們還有什麼可著急的呢？

唐僧形象的啟迪

　　在中國，一部古典小說《西遊記》，讓唐僧西天取經的故事婦孺皆知。可是，我們必須說，人們通過小說所瞭解的「唐僧」與歷史上真實的玄奘大師實在是相去甚遠了。

　　在小說《西遊記》中，孫悟空、豬八戒、沙和尚三人護送師傅唐僧去「西天」取經，一路上「降妖除魔」。小說的主人公是孫悟空，唐僧雖然是三個徒弟的師傅，可是，在取經的路上，他除了唸唸緊箍咒，在「降妖除魔」方面幾乎沒有做任何貢獻。到了周星馳的電影裏，唐僧更是成了一個「唧唧歪歪、婆婆媽媽」的無趣人物。

　　歷史上真實的玄奘大師可不是這個樣子的。真實的玄奘是河南偃師人，俗姓陳。他幼年出家，潛心研究佛學，到了二十多歲的時候就已經成了大唐最有名的高僧了。在研究佛學的過程中，他感到各派學說之間有大量矛盾之處，遂產生了去印度進一步「深造」的想法。貞觀元年（627年）玄奘上表，請求西行，沒有得到唐太宗的批准。

　　然而玄奘「求學」心切，乃「冒越憲章，私往天竺」。用現在的話說就是，他沒有拿到出國護照就一個人踏上了通往印度的旅途。在西進的路上，他講經誦法，不僅解決了盤纏，而且名氣一天比一天大。在玄奘快走到邊境的時候，朝廷攔阻他出境的命令也隨之而來。可是，一名官員被玄奘的精神所感動，沒有執行攔阻的命令（在唐朝，政令不暢有時都能成就歷史佳話）。

　　在取經的生涯中，玄奘也沒經歷過什麼「九九八十一難」。他經歷過的生命危險只有一次。那是在穿越莫賀延磧戈壁的時

候，玄奘迷了路。更糟的是，他失手打翻了水袋。好在他騎著一匹識途的老馬，這匹老馬馱著他走了五天四夜，來到了一眼泉水邊，奄奄一息的玄奘由此得救！

穿越戈壁之後，玄奘到了高昌的伊吾城，也就是今天新疆的哈密。在這裏，他得到了高昌國王麴文泰的幫助。麴文泰是玄奘忠實的「粉絲」，他十分推崇玄奘的佛學，一度想挽留玄奘作高昌的國師。這個要求當然遭到了玄奘的堅決拒絕——玄奘是為學術和信仰西行的，他求的是「佛法」，焉能貪戀高官厚祿？

挽留不成，麴文泰與玄奘結拜為兄弟，並給玄奘提供了極為豐富的物力、財力和人力準備：「四沙彌以充給侍。製法服三十具。以西土多寒，又造棉衣、手衣、靴、韤等各數事。黃金一百兩，銀錢三萬，綾及絹等五百匹，充法師往返二十年所用之資。給馬三十匹，手力二十五人」。這是一筆豐厚的「遊學資助」。同時，麴文泰還給沿途二十四國的國王都寫了國書，請他們沿途「接待」玄奘。

有了麴文泰的幫助之後，玄奘的西行異常順利，他到了哪裏都會受到熱情的接待。到達印度後，玄奘潛心研究佛學，終於在曲女城的佛學辯論大會上大放異彩，被尊為「大乘天」。這之後，他於貞觀十九年（645年）以「國際著名佛學大師」的身份回國，成為唐朝最為耀眼的「海歸」。史載，唐太宗李世民不僅接見了玄奘，還多次勸其到朝廷擔任要職。大唐皇帝的這一建議同樣被玄奘謝絕。這之後，玄奘一直在長安的弘福寺翻譯他從印度帶回來的佛經。

由此可見，真實的玄奘去印度「取經」的故事遠沒有《西遊記》描寫得那麼傳奇，玄奘本人也沒有後人演義得那樣無能、無趣。

真實的玄奘本是一位令人崇敬的高僧，為何在《西遊記》裏竟然變成了膽怯懦弱、人妖不分的糊塗和尚？這其中是有著一個漫長的演變過程的。玄奘死後，他的門徒慧立、彥琮撰寫了《大

唐大慈恩寺三藏法師傳》，在這部「人物傳記」中，門徒為了突出玄奘一心向佛的「高大形象」，有意穿插了一些神話傳說（如獅子王劫女產子等）。到了宋朝，人們開始把更多的神話編進玄奘取經的故事中。不斷加入的神話，使得玄奘由一具血肉之軀變成了一尊神像——他從一位優秀的佛學大師變成了一位供人膜拜的牌位。可以說，是中國人慣有的「造神」情結把玄奘大師推上了虛幻的神壇。

虛幻的東西必然要破滅，恰如暴漲的股市要大跌一樣。到了明朝作家吳承恩的手裏，玄奘這支一路暴漲的股票驟然下跌。在《西遊記》中，他讓原本備受頌揚的玄奘退居為次要角色，而讓虛構的富有反抗精神的孫悟空成為主角。這樣的藝術處理固然與歷史事實不吻合，但是卻契合了人們的審美心理——「玄奘法師」被膜拜得實在是太久了，吳承恩將其「惡搞」一下很得人心。於是，玄奘又從神變成了人。可惜，這次他又被描寫成了一個糊塗和尚。

此前，佛教門徒神化玄奘，現在，世俗作家醜化玄奘，二者都與歷史上真實的玄奘相去甚遠。神化是對真實的背叛，醜化是對神化的反撥。一個歷史人物，只要他經歷過被神化的過程，那麼他就必然要接受被醜化的那一天。這，也算是歷史發展的一個規律吧。

故

纸眉批

一個傳媒人的讀史心得

第十三章

蘇軾治水的借鑒意義

　　歷史上有一些光芒萬丈的人物，他們「出乎其類，拔乎其萃」，擁有多方面的才華，取得了諸多成就，屬於「通才」。可是死後，人們往往只強調他們的一項或幾項最主要的成就，有意無意地忽略其他方面的才能。比如蘇軾，現在的人都知道他是大名鼎鼎的文學家，在詩、詞、散文、書法、繪畫等藝術領域均取得了傑出的成就，這已經夠「通才」了，可是還不夠。在藝術領域之外，作為官員的蘇軾還善於興修水利，造福百姓。

　　最能反映蘇軾水利成就的就是他治理西湖一事了。蘇軾一生兩次在杭州做官，第一次是在1071年，他深深地被杭州的迷人風光所吸引，寫下了很多吟詠之作，其中最有名的便是〈飲湖上初晴後雨〉：「水光瀲灩晴方好，山色空濛雨亦奇。欲把西湖比西子，淡妝濃抹總相宜。」可是，等1089年他第二次到杭州的時候，原來風景如畫的西湖已經出現大面積淤塞。由於人們圍湖種田的現象日益嚴重，西湖的「生態環境」已然惡化，春則大雨成災，夏則大旱成患，水旱災害又引起疫病流行。蘇軾見狀，十分痛心。作為杭州太守，他在全力對付饑荒和疾疫兩大災害的同時，遂把疏濬西湖作為任內的首要任務。經過調查踏勘，蘇軾決定用「以工代賑」的方式開掘葑灘，疏濬湖底。他連上幾道奏章，申述民意，爭取經費。朝廷終於重視且同意治湖了，但所撥款項極少，只給了一百道僧人的「度牒」。蘇軾沒有灰心，他用這些度牒換了一萬七千貫錢，又自己寫字作畫去義賣籌款，最後終於開工。他組織了二十萬民工，挖掘淤泥，終於疏濬了西湖。可是，這麼多的淤泥又該放在何處呢？蘇軾展示自己才華的機會

來了。他廢物利用，在西湖上築起了一道橫貫南北的長堤，既處置了淤泥，同時還為西湖增添了一道新的風景。這便是有名的「蘇堤」。

拿蘇堤與今天的一些政績工程相比，兩者的境界高下立判。今天的一些政績工程主要是為了作秀和個人升遷而建的，與百姓的福祉無涉，而蘇軾治理西湖則是切切實實為民謀利。更重要的是，如今的很多政績工程建成沒幾天就遭人詬病（或者本身就建成了「豆腐渣工程」），而蘇堤已經與西湖天然地融為一體，九百多年以來一直造福後代，受世人稱道。

更難能可貴的是，蘇軾還寫過專門的文章，詳細地闡述了自己的治水理念。他在〈禹之所以通水之法〉一文中說：「治河之要，宜推其理而酌之以人情。河水湍悍，雖亦其性，然非堤防激而作之，其勢不至如此。古者，河之側無居民，棄其地以為水委。今也，堤之而盧民其上，所謂愛尺寸而忘千里也。故曰堤防省而水患衰，其理然也。」意思是說，治水的關鍵是在「水理」和「人情」之間取得一種和諧，水災的發生不單純與水「湍悍」的「理」有關，而且也與人們「愛尺寸而忘千里」的短視行為有關，有的甚至直接就是人禍。據李敖先生研究，中國歷史上水災的發生多是由於官商勾結，霸佔洩洪渠造成的。洩洪渠附近土地肥沃，灌溉便利，所以官商勾結，常把水渠附近的土地據為己有。這樣，一旦下雨，過多的河水無法宣洩，就造成了水災。這樣的水災就已經不是天災，而是一種人禍。《宋史‧食貨志》中還記載了官商勾結，「盜湖為田」的情況。湖邊的肥沃土地被富人占為田地之後，附近的百姓「歲被水旱之災」，「所失民田，動以萬計」，這恰好可以印證蘇軾「愛尺寸而忘千里」之說。同時，它還揭露了強勢人群如何仗勢欺人，為了自己的「尺寸」之利，就要讓普通百姓去承受巨大的水災損失。用今天的話來說就是，有錢有勢的人破壞了生態環境，災難性的後果卻要讓平民百姓來承擔，著實可惡。

不論哪一種情況，只要是人類的活動過度地壓縮了水的活動空間，與水爭地，水便會「激而作之」。也就是說，要想取得良好的治水效果，單純地靠修堤防水是遠遠不夠的。人們還必須從哲學和生態學的角度去認識治水，不能只看眼前利益，而應該著眼於長遠，著眼於生態整體，著眼於人與自然的和諧相處。這種理念飽含智慧，對今人治水顯然有著積極的啟迪意義。最近，太湖、滇池等原本美麗的湖泊出現了藍藻，洞庭湖流域也出現了鼠患，這些現象表明，我們在治水方面還有很多不足。我們一方面需要向西方學習先進的治水手段，同時還需要從中國古人那裏汲取智慧，改變單純的「工程治水」的思路，從哲學和生態學的高度去認識人與水、人與自然的和諧共生關係。只有這樣，我們才能很好地應對危機，贏得一個美好的未來。

第二輯　歷史名人的是與非

第十四章

黃宗羲的思想和曹雪芹的創作

　　黃宗羲是明末著名的思想家，曹雪芹是清朝著名的文學家，兩個人看似「風馬牛不相及」，可實際上卻有很多共同之處。比較這兩個人的人生經歷和他們所取得的成就之間的關係，我們會得到很多啟發。

　　先來說黃宗羲。黃宗羲是浙江餘姚人，他的父親黃尊素是有名的東林黨人，因彈劾大太監魏忠賢而被削職下獄，受酷刑而死。當時，黃宗羲只有十七歲，父親的冤案給了他很大的打擊，他發誓要為父報仇。崇禎皇帝登基後，東林黨人的後代們聚集在一起，進京替父親鳴冤，其中的領袖就是黃宗羲。「閹黨」集團被清除之後，黃宗羲帶領東林黨人的後代到關押父親的監獄之地去痛哭祭奠，哭聲傳入皇宮，崇禎皇帝聽後歎息道：「忠臣孤子，甚惻朕懷！」

　　清軍入關後，黃宗羲曾參加反清活動，失敗後返鄉著述，拒絕出來做官。可以說，父親的冤案和明朝的覆亡是黃宗羲一生的家國之痛。家國之痛促使他深思，但他的思考沒有局限於一家、一國。他從父親含冤而死看到了封建專制制度的罪惡，又從明清交替的亂世看到了普通百姓所承受的深重苦難。所以，他在《明夷待訪錄》一書中猛烈地抨擊「家天下」的君主專制制度，他明確指出，君主的獨斷專行是造成人民苦難的根源。在封建社會裏，黃宗羲能提出這樣的思想，已屬可貴。這還不夠，他又說：「蓋天下之治亂，不在一姓之興亡，而在萬民之憂樂。」他把「萬民之憂樂」置於「一姓之興亡」之上，以普通百姓的視角而不是以帝王、皇族的視角來考察天下的「治」與「亂」，這一

點在當時顯然是具有顛覆性的。就是在今天，黃宗羲的這一思想也依然閃爍著可貴的民本主義的光輝。溫家寶總理就曾說：「我喜歡讀黃宗羲的著作……身為天下人，當思天下事。而天下之大事，莫過於『萬民之憂樂』了。行事要思『萬民之憂樂』，立身要『先天下之憂而憂，後天下之樂而樂』。我應謹記這些道理，並身體力行。」

再來說一說曹雪芹。曹雪芹是我國偉大的文學家，他創作的長篇小說《紅樓夢》膾炙人口，是中國文學寶庫中璀璨的瑰寶。可是，我們必須知道，曹雪芹的家世同樣很不幸。曹雪芹的祖先原本在遼陽，在明末與滿人的作戰中被俘，做了滿人的家奴。清軍入關後，原來的家奴也隨之當上了大官。曹雪芹的曾祖父曹璽就在這種背景下當上了江寧織造。更關鍵的是，曹璽的夫人孫氏是康熙的保姆，對康熙有撫育之恩。而曹雪芹的祖父曹寅又是康熙幼年時的玩伴和「伴讀」，所以，在康熙當政時，曹家的勢力盛極一時。曹寅的兩個女兒都被選作王妃。康熙皇帝六下江南，其中有四次都是以曹家的江寧織造署為行宮的。康熙皇帝對保姆孫氏有很深的感情，曾當著眾臣的面說：「此吾家老人也。」由此可見當時曹家之顯赫。可是，在雍正時期，曹家因清朝宮廷鬥爭而被株連，家產被抄沒，家道迅速沒落。

曹家由盛而衰的經歷對曹雪芹產生了極為重要的影響。從鐘鳴鼎食的貴族生活到「舉家食粥」的困頓人生，強烈的生活落差使曹雪芹對社會有了更全面、更深刻的認識，也使他對封建專制社會的罪惡有了切身的體驗。正是在這種情況下，曹雪芹把個人和家族的悲劇昇華為文學藝術，寫出了不朽的巨著《紅樓夢》。通過《紅樓夢》，他深刻地揭示了封建專制制度必然走向沒落的歷史真實。

比較黃宗羲和曹雪芹的個人經歷，我們不難發現：兩個人都曾經歷過巨大的家庭悲劇，兩個人都是從個人的家庭悲劇出發，層層追問，最後揭示了時代的悲劇。所以我們說，這兩個偉人儘

管所處的時代不同，所從事的文化領域不同，但是他們都以苦難的人生做養料，成就了非凡的事業，他們經歷了個人的苦難又戰勝了個人的苦難。他們以個人的悲劇來體驗、印證時代的悲劇，然後以揭示時代的悲劇來完成人生的超越，成就悲天憫人的思想情懷，成就驚天動地的不朽事業。僅從這一點上看，黃宗羲和曹雪芹也值得今人學習。

再進一步思考，我們就會發現，無論是作為思想家的黃宗羲，還是作為文學家的曹雪芹，他們所揭示的時代悲劇的根源，最後都指向了「家天下」的封建專制制度。曹雪芹通過描寫賈、王、史、薛四大家族的衰落過程，以文學的、感性的文字反映了封建制度必然走向沒落的歷史真實。而黃宗羲則通過對歷史的研究、通過縝密的邏輯思辨，以文化的、理性的文字揭示了封建專制制度的罪惡。二者殊途同歸。

我們不妨從大的歷史視角來考察這個問題。秦始皇開創的中央集權的封建帝制到了明朝已經運行一千五百多年了，在如此漫長的歷史進程中，帝制已經走到了暮年，它的活力日漸消耗，而弊端日益嚴重。到晚明，這個制度已千瘡百孔。作為卓越的思想家，黃宗羲、顧炎武、王夫之等人看到了這一點，他們反對封建專制和封建道統，反對君主專制獨裁，提倡「民為主」，他們在理論上為封建王朝敲響了喪鐘。明朝滅亡之後，滿人入關，建立了清朝。但弔詭的是，在軍事上作為勝利者的滿人並不能在文化上、制度上同樣續寫輝煌，他們向漢人原有的制度和文化「投降」，繼續在一潭絕望的死水中掙扎。異族統治雖然給封建帝制輸入了少許新鮮的血脈，但不能從根本上解決問題。曹雪芹感受到了這一點，他拿起了筆，以文學藝術的形式宣判了封建王朝的死刑。

黃宗羲是晚明正直的士大夫之子，曹雪芹是滿人的家奴之後，兩個身份迥異的人在歷史的必然歸宿面前走到了一起。他們握手言歡之時，恰是封建王朝土崩瓦解之日。誰能說這不是歷史的辯證法呢？

故

紙眉批

一個傳媒人的讀史心得

馬一浮的「復性」夢想

　　馬一浮（1883-1967）是與梁漱溟、熊十力齊名的國學大師（三人合稱「新儒家三聖」）。他不僅國學功底深厚，而且對「西學」也用力頗多，他早在1901年就與謝無量等人創辦了《二十世紀翻譯世界》雜誌，專門介紹西方文學。隨後，他又遠赴美國、德國、西班牙、日本等遊學，撰文宣傳西方的先進思想，支持孫中山先生的辛亥革命。辛亥革命成功後，馬一浮潛心研究學術，在中國的哲學、歷史、文學、佛學、書法等諸多領域均有很深的造詣。關於馬一浮的博學，弘一法師李叔同曾說，馬先生是全中國讀書最多的人，假如有個人生下來就讀書，讀到馬先生的年齡，他讀的書也不會比馬先生多。因為學貫中西、精通儒佛，所以，後人稱馬一浮為「儒釋哲一代宗師」，周恩來總理更是稱讚他為「我國當代理學大師」。

　　有趣的是，博學多才的馬一浮在為人處世方面頗為「迂闊」。蔡元培先生曾力邀馬一浮去北京大學任教（當時的北大正是新文化運動的中心），可馬一浮偏偏拒絕了。蔣介石也曾以高官相許，馬一浮同樣拒絕。早年的馬一浮介紹「西學」，對西方的「民主」與「科學」心嚮往之。可是，當新文化運動洶湧而來之時，馬一浮又表現出了某種疏離之感。當陳獨秀、胡適、魯迅等人大肆宣傳「德先生」與「賽先生」之際，馬一浮選擇了在西子湖畔做一名隱士。

　　其實，馬一浮的心中另有夢想。他的夢想就是「復性」——恢復國人「本善」的「心性」。「人之初，性本善」，可是，在一個人心浮躁的亂世，很多人的心性已經被污染了。若不從根本

上幫助國人「復性」，則國家和民族的未來著實堪憂。一個缺乏文化自信和文化定力的民族，即便是努力向西方學習，所學到的往往也只是人家的皮毛，而非精髓。

對於從西方引進的現代大學制度，馬一浮雖然肯定其學科周詳的優點，但也直言不諱地指出，現代大學已經成了販賣知識的場所，教師計時上課收費，學生下課哄然而散，師生之間缺乏足夠的人格薰染與心性互動，而這恰恰遺漏了教育的根本。另外，現代大學多致力於培養各學科的專門人才，對「通才」教育重視不夠，這種教育能教出眼界狹隘的「專家」，卻不能造就氣魄恢弘、胸懷天下的「大師」。

馬一浮想用中國傳統的書院制度來彌補現代教育的缺憾。在中國歷史上，岳麓書院、白鹿洞書院、東林書院等曾在教育史和文化史上寫下過光輝燦爛的篇章。可以想像，在對現代大學教育抱以憂慮的同時，馬一浮的腦海中一定會浮現出上述書院迷人的圖景。他想接續這份圖景，做拯救世道人心的工作。早在1912年，馬一浮就對蔡元培提出過自己的教育理想：「設通儒院，以培國本，聚三十歲以下，粗明經術小學，兼通先秦各派學術源流者，一二百人，甄選寧缺勿濫……延聘老師宿儒，及外國學者若干人，分別指導。假以歲月，使於西洋文字精通一國，能為各體文詞，兼通希臘、拉丁文，庶幾中土學者可與世界相見……十年、廿年之後，必有人材蔚然興起，此非一國之本，亦世界文化溝通之先聲也。」蔡元培認為他的想法「為時尚早」。

擁有高遠的理想卻又生逢亂世，馬一浮自然也知道這其中的艱難，所以他選擇了歸隱——沒有實現理想的土壤，寧可選擇等待也不隨波逐流。這到底是一種「迂闊」還是一份淡定？恐怕很難說。

1939年，機會來了。在蔣介石、陳立夫等人的支持和邀請下，馬一浮在四川樂山縣創辦了「復性書院」。書院以「講明經術，注重義理，欲使學者知類通達，深造自得，養成剛大貞固之

才」為主旨，不授予學生任何學位資格，亦不受任何政治勢力干涉，希望以這種獨立、自由的講學氛圍來弘揚傳統學術，恢復純善之心。

可惜的是，馬一浮的「復性」夢想很快就破滅了。馬一浮原來希望國民黨政府一次性劃撥的大筆款項不能到位（要逐月劃撥），這讓「復性」書院在經濟上失去了獨立性。此外，國民黨的教育部一直試圖插手書院事務，要求書院核備教材和填報人員履歷。除了對國民黨當局的失望外，當時的社會大環境也與書院的追求格格不入。當時的學生來書院多是為了學知識、謀出路，本意不在「復性」。人們的求學需求與馬一浮的辦學理念背道而馳，二者不能調和，最終出現了學生不辭而別的現象。種種因素集合在一起，使馬一浮發出了「書院在今日，已無存理，自是吾德薄不能感人」之歎。於是，馬一浮在1941年終止了書院講學，「復性」的夢想猶如曇花一現。

馬一浮的「復性」夢想雖然沒有得到實現，但是，馬一浮的道德文章和他所進行的文化追問卻始終是有價值的。他當年批評過的那些教育弊端如今依然存在，而他所提出的恢復國人本善心性的「復性」之說更是有著積極的現實意義。從山西黑磚窯事件到三鹿奶粉事件，我們都可以看到「人心大壞」所造成的觸目驚心的後果。人的良知一旦被各種自私的慾望（包括過度的權慾、利慾、情慾等）所遮蔽，人就會成為只知道賺錢和享樂而沒有羞恥之心和惻隱之心的機器，幹起壞事來沒有底線。

今天的中國已然站在了一個新的起點上——與馬一浮當年所面對的那個積貧積弱的中國不可同日而語。但是，今天的中國仍然需要面對道德建設的問題。如何大面積、普遍地恢復國人本善的「心性」，這是一項不容迴避的課題。在這樣的時刻，回想馬一浮先生的「復性」夢想，回想他為拯救世道人心所做出的種種努力，我們似乎不得不承認，那個看上去有些「迂闊」的馬先生恰恰是一位文化先知。

故

纸眉批

一個傳媒人的讀史心得

第二輯 歷史名人的是與非

第三輯

皇帝的好與壞

唐太宗的晚年之困

唐太宗李世民是中國歷史上少有的英明君主，可是，如此英明的君主，在晚年也不可避免地陷入了難解的政治困局之中。這個困局就是「接班人問題」。

在中國封建社會裏，皇位的繼承是採取嫡長子繼承制的。李承乾是李世民的嫡長子，所以，他當然的太子，在理論上是日後大唐的接班人。可是，隨著兒子們慢慢長大，李世民的心態發生了變化。在幾個兒子中，他更加喜歡魏王李泰，原因是李泰愛好文學，更有治國之才，而太子李承乾則脾氣暴躁。李世民對魏王李泰的偏愛使得魏王黨形成，威脅到了李承乾的太子地位，於是，太子黨和魏王黨開始在貞觀後期展開鬥爭。在錯綜複雜的政治鬥爭中，李世民的第五個兒子齊王李祐突然於貞觀十七年謀反，這場叛亂很快就被平息了，可是在隨後的審查中，竟然查出太子的謀反計畫。自己的兩個親生兒子竟然謀反，這事對李世民的心理打擊實在是太大了！最後，李世民處死了參與謀反的大臣，將太子李承乾貶為庶人。

太子李承乾被廢，幾乎所有的人都認為大唐的接班人應該是魏王李泰的了。如果真的這樣，問題也還不算複雜。可惜，李泰的情感作秀太「過」了。他為了讓李世民早日立自己為太子，對老爸展開了情感攻勢。一次，他撲到李世民的懷裏，動情地說：「老爸，如果你立我作太子，我當上皇帝後，就會把我唯一的兒子殺掉，以便日後將帝位傳給我的弟弟李治。」李世民很感動，就把這話轉述給了大臣，意在替李泰「拉票」。可是，大臣褚遂良看出了破綻，他指出，李泰的說法不符合常識，因為人倫之情

從來就是父子親過兄弟的。李泰之所以這樣說，不過是為了騙取太子地位而已。等他當上皇帝之後，怎麼可能為了弟弟殺死自己的兒子呢？同時他還提醒李世民，如果您非要立李泰為太子，請事先安排好晉王李治，否則，李治日後就會不安全。

一番話說到了李世民的痛處，這位英明的帝王流下了痛苦的眼淚。當年，自己的皇位就是靠殺兄弒弟奪來的，李世民實在不想讓兒子們重演兄弟相殘的悲劇。萬般無奈之下，他於貞觀十七年四月立晉王李治為太子。李治「仁厚」，日後當上皇帝也絕對不會殺害自己的兄弟，這一點李世民是確信的。可是，李世民對李治並不滿意，原因是李治過於懦弱，缺乏治國之才。對接班人的不滿意，加上此前兩個兒子謀反所帶來的毀滅性的心理打擊，一代明君李世民備感人生的悲涼與無奈。無限愁苦之中，他的理性也隨之喪失。他想要長生，開始吃丹藥。結果卻適得其反，貞觀二十三年，他因吃丹藥而中毒身亡，年僅五十二歲。

作為一代帝王，李世民可以成功地治理國家，開創大唐盛世。可是，作為父親，他卻無法從自己的幾個兒子中選出滿意的接班人。這不能不說是一個悲劇。這個悲劇不僅僅屬於唐太宗李世民，它幾乎是中國歷史上所有政治強人的宿命。秦始皇、漢武帝、明太祖、康熙大帝……這些雄才大略的政治家在晚年的時候都被這個「接班人困局」弄得心理憔悴。這其實是一個制度困局，只要封建專制制度存在，這個困局就無法破解。按照封建專制制度的理論要求，一代君主僅僅在「任期內」把國家治理好是不夠的，他還必須選好接班人，以示對自己的身後事也有一個圓滿的交代。這種要求實在太高了，一個人再「厲害」，也只能對生前之事負責，死後之事他如何負責得了？況且，統治者選接班人只能在他所熟悉的那個小圈子裏選，一旦那個小圈子裏的人讓他失望，他便備感悲涼。

那麼，這種困局是不是真的就無法破解呢？當然不是。因為在民主政治中，接班人的困局壓根就不存在。大家都知道美國

前總統克林頓一度為他和萊溫斯基的緋聞而焦頭爛額，可我們從未聽說過他為接班人問題而愁眉不展。因為在民主政體中，接班人問題完全是選民們的事，現任領導者無權考慮也不必考慮。這樣，一個困惑了中國眾多歷史明君的難題就這樣迎刃而解了。胡適先生曾經說過，民主是「一種幼稚的政治制度」，因為它吸收大眾的集體智慧，並不依賴於個別天才人物；與之相比，「專制則是世界上最複雜的人類事務，因為它要一個人來統治國家，所以，這個人必須是稀世之才。」此言甚是。不過，我們還可補充一句：這個稀世之才還必須在晚年時再選出一個稀世之才來做接班人。這樣的要求實在太苛刻了，苛刻到了一代明君（也是「稀世之才」）李世民都無法完成。由此亦可見專制制度是多麼地違反常識、違反人性。

皇帝泡溫泉的社會學意義

說起西安華清池，人們往往就會想到白居易〈長恨歌〉中的名句：「春寒賜浴華清池，泉溫水滑洗凝脂。」然後便會想到唐玄宗李隆基和楊貴妃之間纏綿悱惻的愛情悲劇。其實，唐人來華清池洗溫泉的歷史並非始於玄宗朝，而要上溯至唐太宗貞觀年間。

貞觀十八年（西元644年），唐太宗李世民下令在驪山溫泉營建「湯泉宮」（即後來的華清池），工程歷時四年竣工。於是，李世民率文武百官臨幸湯泉宮，在他專用的「星辰湯」裏大洗溫泉浴。洗浴之餘，李世民還親筆寫下了一篇著名的文字——〈溫泉銘〉。

對於〈溫泉銘〉，後人多從書法的角度來探討，認為從中可以看出李世民遒勁飄逸、奔放圓熟的書法風貌。不過，如果仔細看一看原文，我們就不難發現此文的社會學意義。對於自己到驪山來泡溫泉的做法，李世民的內心深處是不安的，他自己覺得這事幹得不怎麼光明磊落，也怕別人說他在搞「腐敗」，以權謀私，所以就在〈溫泉銘〉中極力辯解：「朕以憂勞積慮，風疾屢嬰，每濯患於斯源，不移時而獲損。」意思是說，我工作勞神費心，非常辛苦，又患風濕病多年，所以才用泡溫泉的辦法來治病（注意，是為了治病而不是為了享受），而且這個辦法還真管用，我每次在這裏洗浴，病情都會減輕。

李世民的這個心態是很有意思的。按說，一位帝王在風景秀麗的地方建個療養院，時不時地來泡泡溫泉，這事根本用不著

「解釋」──身為九五之尊的皇帝，想泡溫泉就泡溫泉唄，還需要理由嗎？還需要「解釋」嗎？不必要嘛。

可是，李世民還是做出了「解釋」，這說明了什麼？說明李世民的內心深處還是有所敬畏的。他並不因為自己位高權重就為所欲為，也不敢過於放縱自己追求享樂的慾望。即便是在享受溫泉浴的時候，他都有一種誠惶誠恐的感覺。

身為大唐帝國的最高領導，李世民還能心懷敬畏，這就不容易；更不容易的是，他還能就泡溫泉這樣一件小事做出「解釋」。見微知著，我們由此可以看出，李世民是一位很自律的統治者。

表面上看，一位皇帝還要對自己泡溫泉的行為做「解釋」，顯得很不夠「派」，甚至還有點兒「窩囊」。可是我要說，正因為心懷敬畏、嚴於律己，李世民才能做到勤政愛民，在施政中貫徹「民本」思想，開創了中國歷史上少有的盛世──貞觀之治。

唐太宗李世民死後，他專用的泉池「星辰湯」廢棄不用，池中的泉水被引到別處，供文武百官沐浴之用，以表達「皇恩浩蕩，雨露均沾」之意。後來，唐玄宗李隆基又在華清池興建了「蓮花湯」和「海棠湯」兩眼著名的泉池，前者為自己所用，後者則用來「賜浴」楊貴妃。不過，到了這個時候，唐玄宗和楊貴妃兩人泡溫泉已不是為了治病，而純粹是為了享受。而且，這對老夫少妻的心中早已沒了祖先泡溫泉時那種誠惶誠恐的感覺。「雲鬢花顏金步搖，芙蓉帳暖度春宵。春宵苦短日高起，從此君王不早朝。」他們沉浸在「遲來的愛」中，視所有的享樂為理所當然。豈不知，就在唐玄宗貪圖享樂、不理朝政之時，強盛的大唐開始衰落。「漁陽鼙鼓動地來，驚破霓裳羽衣曲。九重城闕煙塵生，千乘萬騎西南行。」安史之亂不僅打斷了唐玄宗和楊貴妃在華清池的美好時光，而且使得整個大唐帝國由盛轉衰。

同是大唐皇帝，同是在華清池泡溫泉，可是彼此的境界卻是判若天壤。誠惶誠恐的唐太宗李世民開創了著名的貞觀之治，而

樂不思蜀的唐玄宗李隆基則在泡溫泉之際引來了安史之亂。治亂之間，誰能說沒有經驗教訓？

　　總結大唐皇帝泡溫泉的這段歷史，我們似可得出如下結論：統治者受約束的程度與普通百姓的「幸福指數」之間常常存在一種反比例關係。如果統治者心懷敬畏，有所顧及，在享受「超標準待遇」時還有一種誠惶誠恐的感覺，那麼老百姓的日子反倒會過得不錯。相反，如果統治者根本不在乎所謂的「公共輿論」和「歷史評價」，為所欲為，奢華無度卻又認為理所當然，那麼普通百姓就一定沒有好日子過。這算不算也是歷史辯證法之一種？

故

纸眉批

一個傳媒人的讀史心得

第三章

唐德宗的罪己詔

　　罪己詔是古代帝王用來「自我批評」的文書，其起源甚早，有名的說法就是：「禹湯罪己，其興也勃焉；桀紂罪人，其亡也忽焉。」禹湯之後，周成王、秦穆公、漢武帝、唐德宗、宋徽宗、清世祖等人也曾頒發過罪己詔。在中國歷史上，昏君無數，可是能夠頒發罪己詔，進行「自我批評」的皇帝卻屈指可數。正因如此，研究皇帝頒佈罪己詔的相關背景及隨後所取得的效果就很有必要──從積極方面講，它讓人們明白，即使貴為天子，也不可為所欲為，在危難之際也得發佈罪己詔，以籠絡人心；從消極方面講，它也可為今天的領導幹部做「自我批評」提供借鑒。全面地梳理、分析罪己詔是一個工程浩大的課題，非筆者短時間所能做到，我在這裏只談一談唐德宗的罪己詔。

　　安史之亂後，唐朝的中央政府已經失去了權威，藩鎮割據的局面形成了。各地節度使紛紛擁兵自重，不把中央放在眼裏。很多節度使的子弟在父親或兄長死後，就發動手下的將領擁戴自己繼承節度使的職位，這等於剝奪了中央政府的「人事任免權」。唐朝的中央政府當然厭惡這種局面，可是由於沒有足夠的實力，所以不得不姑息遷就。唐德宗李適繼位後決心改變這種局面，重建中央權威。西元781年，恒州節度使李寶臣和青州節度使李正己去世，李適拒絕他們的兒子繼承節度使的職位，結果導致了河朔四鎮（指幽州、恒州、魏州、青州四個藩鎮）聯合起兵，宣佈脫離中央。接著，汝南節度使李希烈也趁機宣佈獨立，甚至索性稱帝。唐德宗李適動員全國兵力，先行討伐李希烈。

從理論上講，李适的做法無可厚非，先逼藩鎮造反，然後再以平叛之名將其一一剿滅，這樣既可除去心頭之患，又可重建中央權威，何樂而不為？奈何李适本人有雄心而無大略，他驅使軍隊為其打仗，卻不肯出錢犒勞士兵，結果引發了「涇師之變」——從涇原地區調集的平叛部隊途經長安，官兵們本來希望得到賞賜，可李适就是不肯出錢，士兵們因「待遇問題」得不到「落實」而絕望，由絕望而憤怒，遂發生了兵變。兵變發生後，李适才下令急運二十車金銀財寶犒勞軍隊，可惜，「恩典」來得太遲了。涇原之師佔領了長安，德宗李适只得倉皇出逃，國家再次陷入了內亂之中。本想打擊藩鎮勢力以重建中央權威，結果卻是「求榮取辱」，給國家和人民帶來了更大的災難。

在沉痛的現實面前，唐德宗李适接受了翰林學士陸贄的建議，頒佈了〈罪己大赦詔〉。這篇由陸贄起草的罪己詔選在興元元年正月初一發佈，「赦書日行五百里，佈告遐邇，咸使聞知。」詔書中歷數了德宗自己的罪過，稱：「天譴於上而朕不悟，人怨於下而朕不知」，「上累於祖宗，下負於黎庶」。「自我批評」之外，詔書還赦免了不少叛亂將領，顯示了天子的通情達理，因為國家陷入內亂的責任不在別人，「罪實在予」。這篇罪己詔情真詞切，很有感召力，頒佈之後，「人心大悅」，「士卒皆感泣」，一些叛亂軍隊歸順了朝廷。誰說文字沒有力量？唐德宗的這篇罪己詔不就起到了拯救危局的作用嗎？

問題是，不到萬不得已之際，皇帝哪裏肯「罪己」？想讓聽慣了阿諛奉承的人低頭認錯，實在太難了。平時頤指氣使掌握別人命運的人，不到了自己也面臨著萬分悲慘的命運時，他們是不會誠心誠意地作「自我批評」的。現在，我們在媒體上也能讀到貪官們的一些反思和懺悔，可是，我們一定要問一問：如果不是醜行敗露，如果不是身陷囹圄，他們會懺悔嗎？他們言辭懇切的反思和懺悔有沒有籠絡人心以自救的成分？當然，能反思、能懺悔畢竟比死不悔改要好得多，但是，我們也不得不說，遲到的反

思、遲到的懺悔是要打折扣的，恰如法律上所說「遲到的正義是非正義」一樣。

　　唐德宗的罪己詔雖然暫時起到了穩定局面的作用，但「罪己」之後的唐德宗依然猜忌刻薄，重用奸佞。在他的領導下，衰敗的唐朝不但沒能實現「中興」，而且更加衰敗了。一篇真摯的罪己詔根本不足以挽救一個昏君，恰如感人的獄中懺悔不足以挽救貪官的命運。

第四章

裝傻皇帝唐宣宗

　　唐宣宗原名李怡，後更名李忱，是唐憲宗的第十三個兒子，穆宗的弟弟，敬宗、文宗、武宗的叔叔。唐憲宗晚年重用宦官，終為宦官所殺。失去了父皇的李怡面臨著極為兇險的政局，為了避免迫害，他選擇了裝傻，而且一裝就裝了近二十年！

　　在穆宗、敬宗、文宗、武宗四朝，李怡以光王的身份住在唐代親王聚居的「十六宅」中，他的出名就是因為他傻：他沉默寡言，就是發生了天大的事，他也面無表情；在親王聚會宴飲的時候，他還常常受到捉弄。當然，他對這些全不在意——傻子嘛，哪裏有能力在意？

　　武宗一直也沒有立太子，所以在他病危的時候，讓誰繼承皇位就成了宦官們思考的問題。在晚唐，宦官對朝政的控制能力極強，很多皇帝來不及處理的事宦官都可以代勞。如今，武宗撒手人寰了，選接班人的重任再次落到了宦官們的手上。宦官們非常明白，新天子最好是一個平庸之輩，這樣便於控制；如果是個有頭腦、肯作為的帝王，他有自己的主見，那他是不大會重用宦官的。在這樣的情況下，他們一致看好光王李怡——他是個傻子，豈不更好控制？於是，光王登基，更名李忱，是為唐宣宗。

　　可是這一次，宦官們錯了！

　　原來，這個唐宣宗不但不傻，而且還聰明透頂。他記憶力驚人，從朝廷大臣到宮廷僕役，他見過一面就能記住名字。以後再吩咐什麼事，就說：「叫某某來！」——直接責任到人；而且他還勤於政事，整頓吏治，孜孜以求，除了上朝就是讀書、召見大臣，分明就是勵精圖治的明君，宦官們哪裏還能控制得了？

他剛登上皇位，就把武宗朝的宰相、晚唐重臣李德裕貶出朝廷，延續幾十年的牛李黨爭宣告結束。同時他平反了前朝的「冤假錯案」，限制皇親和宦官的權力，在一定程度上改變了晚唐宦官擅權的局面。後人對唐宣宗的評價是：「明察沉斷，用法無私，從諫如流，重惜官賞，恭謹節儉，惠愛民物。故大中（唐宣宗的年號）之政，訖於唐亡，人思詠之，謂之小太宗。」歷史上也將唐宣宗統治的時期稱為「宣宗之治」。

通過裝傻當上了皇帝，這已然是一個傳奇；一個「傻子」在當上皇帝後突然變成了勵精圖治的明君，這又是一傳奇。無論是苦心孤詣的裝傻，還是裝傻成功後的作為，唐宣宗在歷史上都是可圈可點的。單從「裝」功講，一個親王能裝「傻」近二十年，這樣的「裝」功也近乎極致了。

但是，「裝」到這個份兒上又能怎麼樣呢？以近二十年的裝傻換得了十三年的帝王生涯，得失之間應該如何衡量？我覺得，從個人的層面講，當年光王裝傻是被逼的無奈之舉，情有可原；但從帝國體制來講，這樣的選拔機制實在有問題。畢竟，傻子變成明君的概率是非常小的。再者，一個人能裝傻近二十年還沒有真成為傻子，這也算是奇蹟。現實生活中，弄假成真的事實在太多了。許多人最初的「裝」可能還只是手段，可是裝來裝去，「裝」成了習慣，「裝」成了常態，「裝」成了這些人真實的生存狀態和他們生活的終極目的。裝正經讓很多人變成了偽君子、假正經，裝傻讓很多人變成了笨蛋、傻瓜，裝孫子讓很多人變成了乾孫子、真奴才。這樣的「裝」功，我們還能提倡嗎？可以肯定，當今社會練「裝」功的人不計其數，可是他們中能有幾人不弄假成真？又有幾人有人家唐宣宗的本事——「出淤泥而不染」，裝傻而不真傻？

「惟大英雄能本色，是真名士自風流。」中國盛產偽君子，偽君子也把中國禍害得不輕。如今，是該呼喚大英雄、真名士的時候了。大英雄、真名士絕不是裝出來的。

在當今時代，在現實中國，我們應該這樣吶喊：別裝了，有本事，你就做大英雄、真名士；沒本事，你就做凡夫俗子，這也沒什麼可恥的。真性情就是你人生中最值得驕傲的財富；最可恥的就是裝正經、裝孫子、裝傻——裝到極致亦枉然。

故

纸眉批

一個傳媒人的讀史心得

無能的皇帝愛哭窮

　　看到這個標題，有的讀者可能會納悶：若說普通百姓，窮苦人家，日子過得吃了上頓沒下頓的，哭哭窮還好理解，富有天下的皇帝怎麼會哭窮呢？可是，歷史的弔詭之處就在於，很多不合常理的事確實發生過了。你若不信，且聽我仔細道來。

　　喜歡讀史的人都知道「捐納」這個詞，「捐納」說白了就是朝廷賣官。賣官這種事早在秦漢時期就有，可是到了清朝，「捐納」制度化了，尤其是到了清朝後期，嘉慶之後的皇帝幾乎個個哭窮，哭窮之後就大肆賣官。

　　在中國歷史上，道光皇帝以提倡節儉出名——他自己經常穿著帶補丁的袍子上朝，可同時他在賣官方面也「出手大方」。他在位三十年，年年有賣官的記錄，僅賣地方官所得就有三千三百八十八萬兩白銀，如果再加上賣京官所得，數目就更大了。

　　讀者或許會問：道光皇帝難道就不知道賣官鬻爵的危害嗎？答曰：賣官鬻爵會導致官場急速腐敗，這是一個非常淺顯的道理，道光皇帝當然知道。道光十六年，皇帝召見翰林張集馨時說：「我總不放心捐班，彼等將本求利，其心可知。科目未必無不肖，究竟禮義廉恥之心猶存，一撥便轉。得人則地方蒙其福，失人則地方受其累。」你看，道光皇帝的「認識水平」一點都不差。

　　再問：明明知道有危害他為什麼還要去做？答曰：他覺得自己太窮了，不如此不能「脫貧致富」。到了道光二十九年，皇帝又對時任貴州布政使的張集馨說：「我最不放心的是捐班，他們

素不讀書，將本求利，廉之一字，誠有難言。我既說捐班不好，何又准開捐？……無奈經費無出，部臣既經奏准，伊等請訓時何能叫他不去，豈不是騙人嗎？」至此，一語道破天機：朕實在是窮得沒辦法了。

貴為天子，還如此「哭窮」，真是不可理喻。穿帶補丁的衣服上朝是為了省錢，賣官鬻爵是為了掙錢，看來這道光皇帝可真是掉到錢眼裏去了──「我的眼裏只有錢」呀。

更可悲的是，「我的眼裏只有錢」的領導有時非但不能解決財政危機，而且還會引發更多的危機。原因就在於：以近乎苛刻的「節儉」來「節流」，企圖解決財政困難，那是望梅止渴；靠賣官鬻爵來「開源」，以增加收入，那是飲鴆止渴。

在這方面，道光皇帝就是一個很好的反面教材。他穿著帶補丁的衣服上朝，在生活上固然節儉（也可解讀為做秀），可是，恰恰是在他當政時發生了鴉片戰爭，中國戰敗，簽下了喪權辱國的《南京條約》，賠償英國白銀兩千一百萬元。若用這兩千一百萬元買袍子，那得買多少呀？貴為皇帝，好歹也是一國元首，你又何必慘兮兮地穿帶補丁的衣服呢？說到底，這就是無能──在治理國家上實在是沒本事了，所以只能祭起「提倡節儉」這面道德的旗幟，企圖靠自己「以身作則」的行為感動群臣，教化萬方。豈不知，道德的功能從來都是有限的，它對社會的功能是錦上添花，而非雪中送炭。在政治清明、國勢強盛之際，道德建設確實可以讓社會好上加好，更加和諧；可是，在吏治腐敗、國運衰微之時，再想通過道德教化來「挽狂瀾於即倒」，那實在是癡心妄想。

道光皇帝「以身作則」提倡節儉的行動沒怎麼奏效，可他賣官鬻爵的做法卻使清朝的官場更加腐敗，大清官員苟且偷安、貪污成風。同時，道光還重用曹振鏞、穆彰阿兩個庸才。曹振鏞不但自己不向皇帝說實話，而且還提醒皇帝該如何打擊那些敢於直言上諫的人，他說：「今天下承平，臣工好作危言，指陳闕失以

邀時譽。若遽罪之，則蒙拒諫之名。惟擇其細故之舛謬者交部嚴議，則臣下震於聖明，以為察及秋毫，自莫敢或縱。」看看，用這麼卑鄙的人作軍機大臣，道光一朝的政治怎麼能清明？而穆彰阿之昏聵無能，更是盡人皆知。

正是因為皇帝的無能，所以一些無恥無能之輩才能官居高位。如果皇帝本人有雄才大略，那他就斷不會重用曹振鏞、穆彰阿這幫無能之輩。當然，如果皇帝確有本事，他更不會以穿帶補丁的衣服為能事，更不會向臣子哭窮以示「我也有難處呀」。

事實上，大清國的財政不但沒有因道光皇帝的「節儉」和賣官而好轉，反而更加困難了。咸豐三年，國庫僅存二十二萬兩白銀，還不夠當時包圍南京的江南大營一個月的軍費開銷。面對如此的「窮家底」，咸豐皇帝只好再次「哭窮」，不過這次是真哭，萬乘之尊在朝堂之上大放悲聲，哭得涕泗滂沱。

光「哭窮」不頂事，想出辦法「救窮」才是最重要的。可是，咸豐皇帝也想不出更好的「救窮」之策，他想到的還是賣官。從此之後，大清朝的賣官之風是愈刮愈烈，官越賣越多，官場越來越腐敗，直到最後把整個大清國都給「賣」了。

皇帝也哭窮，此事乍一聽有點不好理解，可細一想又在情理之中。俗話說：「靠山吃山，靠水吃水。」皇帝號令神州，要山有山，要水有水，可他還覺得不夠，還要哭窮。難道是「祖國的山山水水」對不起他道光、咸豐嗎？絕不是。擁有偌大的神州還要「哭窮」，這只能說明他們的無賴和無能！道光哭窮，在他當政時發生了鴉片戰爭；咸豐哭窮，在他當政時發生了英法聯軍火燒圓明園事件。這些便是他們無能的明證。

當今社會，愛哭窮的人也不少，反映在媒體上，高校教師、足球隊員、娛樂明星都說「日子不好混」之類的話。而在現實生活中，不少單位的「一把手」也在哭窮：「幾百口子人要吃飯，花錢的地方多，掙錢的地方少，難呀！」弱勢群體哭窮尚可理解，如今強勢人群也在哭窮，這就讓人深思。我寫下無能皇帝

愛哭窮的舊事，就是要給大家提供一個考察哭窮現象的「歷史路徑」。

應該引起我們深思的還有「哭窮」之後的作為。大凡「哭窮」者，哭過之後，總會賣點什麼，而且賣掉的東西往往會是極其寶貴的。真正的窮苦人家，哭過之後會賣兒賣女。皇帝哭過之後，賣官鬻爵就成了他「脫貧致富」的首選。賣兒賣女，賣掉的是骨肉親情；賣官鬻爵，賣掉的是朝廷的尊嚴和官場的廉潔。

我真的不願意聽到越來越多的人在「哭窮」，同時更不願意看到他們在「哭窮」之後賣掉操守、誠信、尊嚴和良知——這些都是人性中最可寶貴的資源。

第六章

皇帝翻臉為哪般

　　馬克思曾經說過，歷史總是驚人地相似。就中國而言，每個封建王朝幾乎都要經歷從開國到治理，再到衰敗，然後被推翻的過程。這種相似，體現的大概就是通常所說的「歷史規律」吧。在此之外，一些具體的歷史事件之間也充滿了有趣的相似性，比如我們今天要說的「皇帝翻臉」現象。

　　第一個要說的是萬曆皇帝跟改革家張居正翻臉的故事。對於萬曆皇帝朱翊鈞，人們對他最深的印象就是懶惰，他當了四十八年的皇帝，在後期竟連續二十多年不上朝，不處理政事。朝廷的好多官位出現了空缺，他理都不理，照樣在後宮裏吃喝玩樂。可是，如果據此認為萬曆皇帝是個辦事拖拖拉拉、只知道混日子的主兒，那你可就大錯特錯了。萬曆皇帝雖然在治理國家上「消極怠工」，可是他在「翻臉不認人」方面卻表現絕佳，很「講效率」。

　　萬曆皇帝登基的時候只有十歲，還是個孩子，無法處理政事。這樣，大明帝國的權力就落在了首輔張居正的手上。當時，張居正不僅是內閣首輔，而且還是萬曆皇帝的老師。以公論之，張居正是萬曆皇帝倚重的第一大臣；以私而論，張居正是萬曆皇帝名副其實的老師。君臣之情加師生之誼，使得萬曆皇帝對張居正言聽計從、萬分依仗。有一件事很能說明這一點。萬曆五年，張居正的父親在湖北江陵老家去世。按照封建時代的禮俗，父母去世，做官的為了表達孝心，應該辭去官職，回家守孝二十七個月，謂之「丁憂守制」。可是，當時張居正主持的改革事業恰好到了「攻堅階段」，張居正的離職「丁憂」很有可能使改革事

業半途而廢。所以，萬曆皇帝就下詔「奪情」，以現在處於非常時期、國事離不開張居正為由不准其「丁憂守制」，讓他繼續在朝廷處理政務。此事引來了眾多朝臣的批評，試想，在一個宣稱「以孝治天下」的國度裏，皇帝和首輔居然合夥破壞「丁憂守制」的禮俗，這成何體統？對於大臣們的批評，萬曆皇帝和張居正一律用「廷杖」來回答——誰提不同的意見就打誰的屁股，然後再將其「流放」。不僅如此，萬曆皇帝還讓「戴孝之身」的張居正參與自己的婚禮，以顯示他對老師的信任和仰仗。這還不算完，更過分的還在後頭。

皇帝大婚之後，張居正於萬曆六年三月回湖北江陵老家葬父。臨走之前，皇帝和太后就反覆叮囑，讓張首輔早日歸來，國事離不開他。當時的張居正既是首輔又是帝師，權傾一時，此次回鄉葬父，沿途的地方官員極力巴結，所以一路上的「排場」十分顯赫。回到家鄉之後，一日之內又收到皇帝的三道詔書，催促他早日回京，處理政事。這更加顯示出了張居正在皇帝心中不可或缺的地位。湖廣的官員也以為這是一種無上的光榮，特地為張居正建造「三詔亭」以資紀念。面對這樣的恩寵，張居正本人都感到不對勁兒。他在給當地官員的信中寫下了一段意味深長的話：「作三詔亭，意甚厚，但異日，時異事殊，高臺傾，曲沼平，吾居且不能有，此不過五里鋪上一接官亭耳，烏睹所謂三詔哉？蓋騎虎之勢自難中下，所以霍光、宇文護終於不免。」意思是說，一旦形勢變化，自己倒臺了，就連住所都會成問題，三詔亭又有什麼意義呢？

張居正的憂慮不幸言中。萬曆十年六月，張居正去世。當時，萬曆皇帝還給張居正以極高的評價，謚號「文忠」，贈上柱國，並且輟朝一日表示哀悼。可是幾個月之後，萬曆皇帝就翻臉了，他以「專權亂政、罔上負恩」之名對張居正「斷棺戮屍」，張府也受到了殘酷的查抄。在查抄張府時，原來極力巴結張家的地方官員爭相立功，提前十幾天就把張家的大門給封了。等欽差

來到，打開大門一看，張家已經餓死了十幾口人，其中有好幾個兒童。張居正的長子張敬修不堪凌辱，自縊身亡。自殺之前，張敬修留下遺書，講述張府被查抄時的慘狀，感慨道：「天道無知，似失好生之德；人心難測，罔恤盡瘁之忠。」其實，造成張家悲劇的罪魁禍首，哪裏是什麼「天道」、「人心」？分明就是萬曆皇帝朱翊鈞！若沒有萬曆皇帝的翻臉之舉，誰敢動「帝師」家的一草一木？

張居正是明朝最有名的改革家，史書上稱他「勇敢任事，豪傑自許」，既有敢為天下先的氣魄，也有足夠的政治手腕，是少有的政治強人。面對著國庫空虛、人民負擔日益加重的嚴峻現象，張居正果斷地實施改革，推行「清丈法」和「一條鞭法」，全面清查全國土地，抑制土地兼併，在減輕農民負擔的同時，增加了國庫收入。為改變官僚系統互相推諉、扯皮低效的弊端，張居正還推行「考成法」，加強對官僚的監督，提高行政效率。實事求是地講，張居正儘管有過於激進、聽不得不同意見、私生活不檢點等缺點，但他主持的改革還是取得了顯著的成效。經過十年改革，張居正基本止住了大明帝國江河日下的頹勢，創下了萬曆初年的中興之局。這樣的人，顯然是大明帝國的功臣。萬曆皇帝也一再承認張居正是自己的恩師，是帝國的柱石。可是，自古帝王多薄恩，萬曆皇帝還是翻臉了，而且「翻臉不認人」的程度比普通百姓要嚴酷得多，誠可謂「皇帝一翻臉，後果很嚴重」。

皇帝翻臉的故事當然會有翻版，到了清朝，故事的主角換成了雍正皇帝和年羹堯。年羹堯原本是雍正的家奴，後來得到了提拔。雍正元年，年羹堯率領大軍平定了西北地方羅卜藏丹津的叛亂，由此，他成了雍正初年的社稷重臣。一時間，雍正皇帝幾乎把年羹堯捧上了天，一年之內，年羹堯的爵位實現了三級跳，官至一等公，位極人臣。在用人方面，雍正皇帝給予年羹堯極大的權力。在川陝，「文官自督撫以至州縣，武官自提鎮以至千把」，其升遷降革均由年羹堯一人決定。在生活上，年羹堯及

其妻子生病,雍正皇帝都再三垂詢,並賜給藥品。在兩人的書信來往中,雍正皇帝更是信誓旦旦,極力表達他對年羹堯的信賴。他說:「從來君臣之遇合,私意相得者有之,但未必得如我二人者。」他甚至還發誓說:「朕此生若負了你,從開闢以來未有如朕之負心之人也。」可是,就在這些肉麻的話語猶在耳邊之際,雍正皇帝就翻臉了。雍正二年十二月,雍正就在奏摺上「敲打」年羹堯:「凡人臣圖功易,成功難;成功易,守功難;守功易,終功難。為君者,施恩易,當恩難;當恩易,保恩難;保恩易,全恩難。若倚功造過,必致返恩為仇,此從來人情常有者。」到了雍正三年,他開始有計劃有步驟地「清算」年羹堯,先給別的官員打招呼,讓他們疏遠年羹堯,繼而一步步地將年羹堯從一等公貶為庶民,最後乾脆將其「賜死」。

當然,皇帝翻臉總是有些理由的。張居正也好,年羹堯也罷,他們在位極人臣、權傾一時之際都飛揚跋扈,不可一世。張居正雖然是歷史上有名的改革家,但他也貪污腐敗,還好色,「內寵眾多」。年羹堯的情況也大體如此。這些確實是他們的罪狀,所以,張居正和年羹堯的被清算也算不上「冤枉」——誰讓你們當初搞腐敗呢?可是,我們也可從另一個角度追問:權臣的飛揚跋扈與貪污腐敗,難道就與皇帝過分的恩寵一點關係都沒有嗎?顯然不是。我們甚至可以說,正因為有了皇帝的過分恩寵,所以他們才有了飛揚跋扈的膽量和貪污腐敗的機會。再者,在封建時代,在「人治」的官場,沒有幾個官員能徹底地做到清正廉潔。所以,權臣恃寵而驕、貪污腐敗才是常態,反之才算反常。可是,皇帝不理這一套。因為皇帝擁有絕對的權力,所以他們對大臣的處理也就充滿了極大的偶然性。既然他信任你依仗你的時候可以給你以無限的恩寵,那麼他就可以在忌恨你討厭你的時候無情地打擊你,直至剝奪你的一切。這,大概才是皇帝變臉迅速的真正理由吧?

第七章

朱元璋的「政治交代」

　　「讀史使人明智」，此話當然是不錯的。不過我們也必須承認，有時讀史也會讓人心生悲涼。在一個特定的階段，歷史的發展會出現一種「逆淘汰」的現象：前人好的傳統、做法往往會中斷，而前人的「壞脾氣」和「臭毛病」卻會被放大。在讀明朝歷史的過程中，我的上述感受尤其強烈。

　　作為明朝的開國皇帝，朱元璋對整個明朝歷史的影響顯然是巨大的。從大的方面講，他廢除丞相，大權獨攬，直接把中央集權的專制制度推向了一個極致，深刻地影響了整個王朝的政治走向；從小的方面看，他的一些無賴做法（比如「廷杖」大臣、把犯人的妻女發配到「教坊」做妓女等）也被他的子孫們所沿用。可是，朱元璋身上的一些優點卻沒有被他的後人繼承下去。

　　朱元璋的勤政是很有名的。史書記載，他曾在八天之內批閱了一千六百六十份奏摺，處理政事三千兩百九十一件，這個工作量是很大的：他一天要處理兩百多份奏摺，一刻不停地工作也需要十四、五個小時，比現在的公務員累多了。可是到了後來，朱元璋的子孫們越來越貪圖安逸，明英宗時期，大臣們怕皇帝累著（當時皇帝年幼），規定每日早朝「只許言事八件」。再到後來，嘉靖和萬曆均有持續二十多年不去上朝的紀錄。本來，大權就已集中到皇帝一個人的手上了，可作為最高領導人的皇帝卻帶頭「罷工」，這國家怎麼能搞好？！

　　朱元璋是從社會底層一步一步地當上皇帝的，他瞭解民間疾苦，所以在當了皇帝之後還保持著艱苦樸素的生活作風，他很少喝酒，伙食也很普通。稱帝之前，他還特意帶著長子朱標去

看農民的茅草屋，並告誡道：「農民四季勞苦，粗衣惡食，國家之錢全靠他們供給。你要記住君主的責任，不可陷他們於饑寒。否則，於心何忍？」這段話記載在《明太祖實錄》中，應該算是朱元璋的一個用心良苦的「政治交代」。可是後來的明朝皇帝哪裏還記得老祖宗的諄諄教誨？正德皇帝不是在「豹房」中吃喝玩樂，就是秘密出宮，演一齣遊龍戲鳳的風流戲；萬曆皇帝更耗費鉅資修建自己的寢陵。

不僅如此，就連朱元璋生前做出的硬性的「政治交代」，也被他的後人拋棄了。總結歷代的經驗教訓，朱元璋對宦官保持著高度的警惕。他認為，宦官中難有良善之輩，用來做耳目，則耳聾目瞎，用以為心腹，則為心腹之患。所以，他立下規矩，禁止宦官讀書，即便是掌管圖書典籍的宦官，也只許他們達到剛剛認字的初級水平，目的就是斷絕宦官干預政事的可能。同時，他還在宮中立了一塊鐵牌，上書：「嚴禁內官干預政事，預者斬。」這樣的防範措施，不可謂不嚴密。可是，朱元璋死後沒幾年，他的這些規定就形同廢紙了。朱棣當上皇帝後，很快便派太監統領軍隊，隨後又派大名鼎鼎的太監鄭和率領著龐大的船隊出海。從此以後，太監的政治勢力越來越大，直到最後出現了劉瑾、魏忠賢這樣的大太監，而且發展成了「閹黨」。當魏忠賢之流把明朝的政局搞得烏煙瘴氣的時候，若朱元璋地下有知，他該多麼失望！「種下的是龍種，收穫的是跳蚤」，朱元璋當年對太監的防範是那麼嚴密，可是，他一手開創的大明王朝還是成了我國歷史上宦官擅權極其嚴重的一個朝代。

歷史給明太祖朱元璋開了一個大大的玩笑。

朱元璋無疑是少有的政治強人，可政治強人再強，也只能在活著的時候控制政局。當他死了之後，當他的血肉之軀變成一個牌位的時候，後繼者們是否還拿他的「政治交代」當回事，是否還願意把他的「政治交代」落到實處，那就不是他能控制的了。李亞平先生在《帝國政界往事》一書中曾這樣評價朱元璋：「朱

元璋心思細密，考慮重大問題時，常常繞殿徘徊，正思逆想，反覆斟酌。當他自以為一切安排都完美妥帖、天衣無縫時，偏偏忘記了自己的那些子孫，他們不會都是像他一樣的工作狂。他們是要在深宮膏粱中出生、在滿身脂粉香氣的女人懷裏和不男不女的宦官堆兒裏長大的。於是，在後來的時代裏，朱元璋的如意算盤都演變得面目全非。」此言甚是。

關鍵就在於體制本身。著名的歷史學家費正清說，在廢除丞相之後，朱元璋「把他自己的個人作用制度化了」，「自此皇帝完全可以為所欲為了。」既然皇帝「完全可以為所欲為」，那他就既可以勤政、簡樸，也可以奢侈、胡鬧，甚至是「罷工」。所以，在朱元璋之後，明朝出現那麼多的荒唐皇帝也實在是在情理之中的事。

總之，好的「政治交代」需要有好的體制支持才能得到落實。高度集權的專制體制是個壞制度，只要這個制度還是堅硬的，不論朱元璋本人的工作作風和生活作風多麼優良，也不論他的「政治交代」多麼英明、周密，歷史的實際發展都會走向他最初設計的反面。這幾乎是專制體制下所有政治強人的悲劇。

道光皇帝「偏心眼」

　　在實行「一孩化」政策之前，中國的父母往往養育多個子女，從理性的角度講，父母應該對所有的子女一視同仁，可實際上，父母往往自覺不自覺地偏愛某一個孩子。如果再仔細觀察，我們還會發現，被父母偏愛的那個孩子，往往不是因為他（她）更優秀，而常常是因為他（她）嬌弱多病，楚楚可憐。從理性的角度來看，嬌弱意味著身體不夠健壯，楚楚可憐往往是性格懦弱的表現。可是，父母的舐犢之情常常會戰勝這些理性的判斷，促使他們把更多的愛獻給這個孩子。對於這種現象，人們形象地用「愛哭的孩子有奶吃」來概括，並稱之為「偏心眼」。

　　皇帝也是人，為人君之外，他也要為人父，所以，從皇帝身上，我們也可以看到這種「偏心眼」現象。所不同的是，較之尋常人家，皇帝「偏心眼」所招致的後果當然更嚴重。

　　這方面最典型的例子就是清朝的道光皇帝。道光皇帝共有九個兒子，等到他晚年該選接班人的時候，前三個兒子都已經死掉了，剩下的孩子中，老五過繼給了別人，老七、老八、老九都太小，所以，就只能在老四和老六之間選接班人了。以才能而論，老六奕訢要勝過老四奕詝。可是，老四是個苦孩子，很小的時候親生母親就死了，練習騎馬的時候又摔壞了腿，成了跛子。他還得過天花，落下了一臉麻子。在外人看來，老四的這些不幸是缺陷，可在老爸道光皇帝心中，這些不幸反而更能引發深深的父愛。所以，有意無意之間，道光皇帝就對老四產生了偏愛之心。這種「偏心眼」最終致使道光皇帝選錯了接班人。

在選接班人之前，道光皇帝在老四和老六之間進行了兩場考試。先是在木蘭圍場舉行了一次狩獵活動，意在考察兩位皇子誰更勇猛。老六刀馬嫻熟，打了很多的獵物。可老四卻空手而歸。道光感到奇怪，就問老四：你怎麼什麼都沒打到？難道你的身上就沒有一點我們滿人的勇武之氣嗎？

老四回答：現在是春天，很多母獸懷上了小崽，我實在不忍心獵殺它們。

道光聽後很感動，說四皇子有仁愛之心。好，第一場老四勝出。

後來，道光生病了，很嚴重，就又以治國之策考兩位皇子。

道光先召見老六，對他說：老爸病重了，如果我去世後江山交到了你的手上，你該如何治理？老六平時就聰明果敢，這時就把自己的治國設想全盤說出。道光很滿意，覺得老六有治國之才。

接著道光以同樣的問題問老四。老四一直哭，不回答。道光很著急，就催問：我在問你將來如何治理國家，你幹嘛不回答，卻一直在哭？老四說：老爸您都病成這樣了，我哪有心思想治理國家的事呀？我就想著讓您的病好起來，不想讓您離開我們。

老四的馬屁拍得非常到位。道光一聽，這孩子真是孝順呀！皇位不傳給他還傳給誰？於是，這個又跛腳又麻臉又懦弱的老四就成了道光的接班人，即後來的咸豐皇帝。

道光皇帝萬萬沒有想到，老四在這兩場考試中的表現並非出自真心，而是源自他的老師杜受田的指點。「偏心眼」的道光皇帝就這樣「看走了眼」。後來的歷史也一再證明，就治理國家的才能而言，老六奕訢遠遠勝過老四奕詝。更可怕的是，老四還娶了一個壞女人葉赫那拉氏，也就是後來的慈禧太后。咸豐死後，慈禧太后掌控國家大權近半個世紀，極大地阻礙了中國的進步。可見，道光皇帝「偏心眼」的後果是多麼嚴重！

　　「偏心眼」現象所折射出的，其實是人類在情感與理性之間所進行的艱難掙扎。就理性而言，道光皇帝可能也知道老六比老四更適合當皇帝，可是，他就是過不了自己感情這一關。帝王的角色要求他選出一個有才幹有魄力的兒子來接班，可父親的情感又驅使他把更多的愛獻給柔弱的孩子。這兩種角色之間存在著尖銳的衝突。在關鍵時刻，父親的舐犢之情戰勝了帝王的治國理性，道光本人的悲劇以及大清國隨後的悲劇由此產生。

　　今天，絕大多數的中國家庭只有一個孩子，父母「偏心眼」的現象近乎絕跡，但是，「偏心眼」現象所折射出的人類在情感與理性之間的衝突並未消失。經過漫長歲月的進化，人類擁有了良好的理性判斷，但是，情感是他們本能的生命密碼。在關鍵的時刻、在面臨著最重要的抉擇之時、在感情和理智發生最激烈的衝突之際，人們往往會聽從情感的召喚而拋棄所謂的理性指引。對此，我們必須有清醒的認識，並時刻加以警惕。

遙想光緒當年

　　光緒皇帝的命運始終與慈禧太后密不可分。1874年，同治皇帝病逝，同治無子，慈禧太后遂指定剛剛三歲半的愛新覺羅·載湉繼承皇位，是為光緒皇帝。慈禧太后之所以選中光緒，是為了便於自己垂簾聽政。光緒是咸豐皇帝的侄子，慈禧胞妹的兒子，慈禧太后是他的嬸子兼姨媽。

　　慈禧有極強的控制慾，一直想讓光緒皇帝對她百依百順。在光緒皇帝小的時候，慈禧一面用心撫育，一面嚴厲管教。據太監寇連材回憶，光緒童年時，慈禧的呵斥之聲不絕於耳，稍不如意，慈禧就對光緒嚴加懲罰，或鞭撻，或罰跪，積威之下，「皇上見西后如見獅虎，戰戰兢兢」。這樣的童年生活使得光緒皇帝的膽子比較小，據說即便長大之後，光緒「每聞鑼鼓之聲，或吆喝之聲，或聞雷，輒變色雲」。在這種情況下，少年光緒只能看慈禧的臉色行事，即便在選皇后這件事上，他也不敢忤逆慈禧，只好委屈自己，選擇了慈禧的侄女那拉氏（即後來的隆裕皇后）。作為帝王，光緒的政治生命已然是個悲劇，而這次不如意的婚姻又使他的感情世界也充滿了愁苦。日後，光緒喜歡珍妃，並不喜歡隆裕皇后。可是慈禧太后卻百般干預，最後竟殘酷地處死了珍妃，給光緒以極大的精神打擊。當然這是後話，且按下不表。

　　現代心理學告訴我們，如果一個人的意志長期受到強烈的抑制，那麼，這個人的反抗意識就會在內心深處慢慢生長，總有一天，這種反抗意識會像火山一樣爆發出來。這種理論完全可以用在慈禧和光緒之間的關係上。到了1898年戊戌變法之時，光緒

壓抑了多年的反抗意識終於像火山一樣爆發了。這一年，光緒皇帝二十七歲，他有了自己的「政治理想」，他不想做亡國之君，他想帶領著這個國家通過「變法」走向富強。於是，光緒採納康有為、梁啟超等人的建議，發動了戊戌變法運動。維新變法雖然最後失敗了，但光緒皇帝的政治人格和理想追求卻得到了昇華。在短短的一百零三天裏，他發出了一百一十多道變法詔書，極力除舊佈新，成了歷史上有名的維新皇帝。李敖在《北京法源寺》一書中說，如果只為個人命運考慮，光緒皇帝本可以不變法（不變法，他照樣當他的皇帝，照樣「吃香的喝辣的」），但是，光緒皇帝置個人命運於不顧，不惜以自己的皇位和生命為賭注，毅然決然地發動變法。他為的不是他個人，而是整個國家。僅此一點，就值得尊敬，值得志士仁人為其效命。

更讓人感慨的還在後面。戊戌變法失敗後，慈禧太后將光緒皇帝囚禁在瀛台（她一度想廢掉甚至毒死光緒，但懾於國內和國際勢力的壓力，沒敢做）。在被囚禁的日子裏，光緒皇帝於愁苦之中鍥而不捨地做著兩件事，其一是大量閱讀外國政治學和歷史學著作，其二是堅持學習英語。學者葉曉青在中國歷史檔案館發現了兩份光緒皇帝1908年的讀書目錄，這些圖書是光緒朱批索要，由內務府提供的。第一份書單包括孟德斯鳩《法意》等共四十部政治學、法學著作，內容已然超過了今天政治學博士的課程；第二份讀書目錄更長，內容涵蓋了世界上主要國家從古至今的歷史。此外，光緒皇帝還每天堅持學習英語。史書記載，光緒皇帝記憶力很好，所以學習不久就能讀英文小說了。得知此事後，慈禧太后也想湊熱鬧學英語，可惜，她不是那塊料兒，剛開了個頭就學不下去了。

王小波曾經寫過一篇文章〈皇帝做習題〉，說得知康熙皇帝也曾做過幾何習題後，他就對康熙皇帝有了親近之感，因為「他和我有過共同的經歷」，也一定會有「共同體驗」。按照這個說法，光緒皇帝讀政治學、歷史學著作，學習英語，這兩件事也會

讓今天的人們感到十分親近。有了「共同體驗」之後，我們幾乎不難走進光緒皇帝的內心深處。即便是做了囚徒，即便臨到生命的終點，這位皇帝依然沒有放棄他的政治理想，他希望有朝一日還能運用這些現代的政治學理論為這個落後的國家鞠躬盡瘁。可惜，他沒能等來這個歷史機會。

1908年11月14日，光緒皇帝「駕崩」，一天之後，慈禧太后也死了。皇帝和太后相繼死去，給世界留下了各種各樣的謎團。關於光緒死亡之謎，一直有種種說法，有的說是慈禧太后在臨死之前害死了光緒，有的說是袁世凱害死了光緒，還有的說是大太監李蓮英害死了光緒。當然，更多人認為光緒是自然死亡。

光緒皇帝是慈禧太后的侄子兼外甥，慈禧太后對他有過撫育之恩，可是，發生在1898年的戊戌變法活動，使得兩個人的關係由親人變成了敵人。十年之後，這對政敵幾乎同時撒手人寰（相隔不到二十四小時）。而大清帝國，此時也搖搖欲墜了。

光緒皇帝「駕崩」的第二天，英國一家報紙撰文稱：「如果這位已故皇帝所推行的改革獲得成功，中國將會是另一番模樣。」讚譽和惋惜交織在一起，準確地說出人們對光緒皇帝的態度。

長期以來，人們一直以為光緒就是慈禧的傀儡。這自然不錯，但過於簡單。傀儡也有反抗的時刻，而且反抗起來還非常決絕，這其中的愁苦與辛酸、掙扎與反抗、失敗與堅持，足以令後人唏噓不已。

歷史有時確實讓人心生悲涼，戊戌變法的失敗尤其如此。救國理想破滅，仁人志士喋血，維新皇帝被囚，這些都讓後人鬱悶、悲觀，但是，我們必須看到，在這一切悲劇之後，一位身體羸弱的皇帝依然沒有放棄希望，他身遭軟禁卻胸懷天下，他的身體被限制在小小的瀛台，可他的心靈卻早已越洋過海，去尋找國家的出路。從光緒皇帝的這份堅持中，我們不難看出人性的堅韌和頑強，而這，也正是歷史賦予人們走向美好未來的不朽的力量。

第四輯

文化互動的中與西

第一章

衛禮賢和他的《中國心靈》

　　理查・衛禮賢（Richaid Wilhelm）是德國著名的漢學家、傳教士。1899年，他以同善會傳教士的身份來到了被德國佔領的中國青島，從事教育和慈善事業。此後的二十五年，他一直在中國，大部分時間是在山東度過的。

　　衛禮賢在中國親眼目睹了義和團運動的爆發、辛亥革命的發生和新文化運動的興起。在中國社會經歷歷史性巨變的時刻，作為外人的衛禮賢熱情地參與其中。在戰亂中，他帶領教眾救助受傷的民眾，同時利用自己會說中國話和傳教士的有利身份積極地調解各方矛盾。辛亥革命之後，他還在青島組織尊孔文社，推前清遺老勞乃宣主事，成為東西方文化交流的會所。1925年，衛禮賢回到德國，在法蘭克福創立中國研究所，他翻譯了大量中國古代哲學經典，他本人由此成為著名的漢學家，「中國在西方的精神使者」。他的主要著述有《中國文明簡史》、《實用中國常識》、《中國的經濟心理》、《中國心靈》等書，其中，《中國心靈》一書影響最大，與莫理循的《中國風情》、古德諾的《解析中國》齊名。

　　在《中國心靈》一書中，衛禮賢表達了他對儒家文化的深刻理解：「孔子曾依據當時的自然條件，構造了一個極端和諧的世界。他認為人對家族都有一種本能的執著。他的世界秩序就奠定在這種執著之上：比如人對家的自然而然的依戀；以及不受任何強制的、純粹出乎自然的父母對孩子的愛。這些人類的情感都被孔子用來做教化的原料。如果沒有正確、自然的表達方式，這些感情就會墮落、枯萎，因此孔子一直在努力尋找人類感情的

225

正確形式。他試圖通過確定外部行為的習慣和用音樂來影響人的內心世界這兩種辦法來達到自己的目的。以家庭為中心，他向外擴展自己的行動領域。國家，就是一個擴大化了的家庭，因此人民應具備的修養也就正是家庭中那些最自然不過的事情。」他甚至還認為，「在人類歷史上眾多的偉大人物中間，恐怕沒有第二個人能像孔子一樣，如此成功地讓自己的思想精髓得到大眾的認可。」儘管如此推崇孔子和儒家文化，但衛禮賢還是看到了儒家體系日益沒落的現實。他接著寫道：「儒家體系的教誨已經到了盡頭。就像母乳一樣向成長中的孩子灌輸知識、道德觀的儒家聖典已經不再是小學生的學習內容了，它成為大學裏學術研究的對象。這一切並非偶然。也許在新的世界裏，孔子思想中的某些東西註定要消亡。可是其中永恆的東西——自然與文化的和諧這樣偉大的真理依然會存在。它將是新哲學和人類新發展的巨大的推動力。」近兩年，有人重提「國學」和「讀經運動」，意在使儒家文化煥發出新的生機。對照衛禮賢的認識，我們不得不說，這些人的做法實在是不得要領的。「在新的世界裏，孔子思想中的某些東西註定要消亡。」這是誰也改變不了的事實。但是我們也不必悲傷，因為「自然與文化的和諧這樣偉大的真理依然會存在。它將是新哲學和人類新發展的巨大的推動力。」現在，我們提出「構建和諧社會」，「和諧」不就是「人類新發展的巨大的推動力」嗎？

　　局外人的獨特視角，加上對中國文化的深入瞭解，使得衛禮賢對中國社會變革和「中國心靈」的認識均有獨到之處。在二十世紀初他就觀察到，「在美國，我們看到了最為發達的機械化經濟，這種機械化是如此深遠，以致於人類自己作為一環也捲了進去，以一種可以預測的精確度發揮著作用。而在中國，我們剛好可以看到另一極，人力工具依然佔據重要位置，機械手段極為原始。……中國的整個趨勢是工具盡可能簡單，工匠盡可能靈巧。生活的重點放在人格的完善，而不是生產工具的完善上。」

　　人格的完善使得道德在中國受到異乎尋常的重視。儒家「克己復禮」的教化和自給自足的農業文明都要求中國人有巨大的忍耐力。忍耐到最後就是遷就，無是非，表現在實際生活中就是重視「說合」，不善甚至不敢用法律武器維護自己的合法權益。對此，衛禮賢在書中亦有描述：「這種忍耐，連同經濟上的相互依賴，已經在村民之間形成了一種非同尋常的相互遷就。偶爾也有爭吵，但極少形成法律訴訟。法官住在很遠的城裏，並且因為來自其他省份（直到帝制結束，這是通例），對當地的情況並不瞭解。但他的手下決不放過這個案子，無論如何都要從雙方當事人那裏榨出盡可能多的油水。這時為什麼不理智一點呢？自然有共同的熟人出來同雙方說合。一般是經過鄉紳的調解，雙方讓步，事情了結，最後共同舉辦一次宴會慶祝和解。基本的態度與其說是法律上勝利，不如說是達到一種法律上的安寧。」

　　既然中國人有極強的忍耐力，那麼為什麼中國歷史還會爆發大規模的農民起義？對此，衛禮賢也有精彩的解釋。忍耐都是有限度的，在個人層面上，中國人忍耐的限度就是不能「丟面子」。「對於『丟面子』的恐懼，可能是中國最強烈的道德推動力，比基督徒對下地獄的害怕還要強烈。」「如果你傷害了一個人的榮譽感，讓他『沒面子』，他就跟你沒完。」而在社會制度的層面上，「道德態度的緊密內聚，就像膠水一樣把個人緊緊地粘在一起，支持著他們也滋養著他們。其後果之一就是，當這個聯繫被刺穿以後，道德解體得也更快。因為沒有道德的支持，個人就會無助地聽從他內心的衝動；秩序的缺乏，會使他很快成為一團亂麻。」「非正義下長期的、痛苦的感情壓抑，往往導致人民突然的暴動，並不時地採取戰爭的形式。……所謂中國人的殘忍，必須在這種背景上來理解。這反映的並不是一種殘忍的心態，而是支持著道德感的某種因素的衰敗——在混亂的原始本能無拘無束地爆發和表現的時候。」

　　道德是一把雙刃劍，強烈的道德感能迅速地使整個民族形成合力，但是，這種道德體系一旦坍塌，「禮崩樂壞」的後果就是整個社會都會成為巨大的名利場，成為「一團亂麻」。同樣道理，在強有力的道德體系約束之下（如果再與政權體系配合），中國人確實可以展現出人性中最為美好的一面，比如助人為樂、公而忘私等等，這一點有不遠的歷史為證；可是，一旦這種道德體系崩潰，「失去秩序」的中國人就會「無助地聽從他內心的衝動」，肆無忌憚地展現出人性中最醜陋的一面，比如極端自私、見利忘義等等，這一點也有不遠的歷史為證。過分強調道德的國度常常要在「修道院」與「妓院」之間來回搖擺，前者象徵著苦修，後者象徵著物慾橫流。這不能不說是一種悲劇。

第二章

莊士敦：走在帝國黃昏裏的老外

　　晚清至民國的這段時間，中國社會發生了劇烈的變化。在大變革的時代，往往會湧現出一批有趣的人——他們集新與舊、情與理、進步與保守等相互矛盾的精神元素於一身，非常耐人尋味。末代皇帝溥儀的洋老師莊士敦就是這樣的一個人。

　　莊士敦（1874-1938），出生於英國的蘇格蘭，原名雷金納德‧弗萊明‧約翰斯頓，莊士敦是他的中文名字。他早年畢業於牛津大學，1898年到香港，不久即成為英國駐香港殖民機構的正式官員，隨後，不斷升遷，當上了英國駐威海衛公署的行政長官。

　　1917年，張勳復辟失敗後，在辛亥革命時期保存下來的小朝廷受到了更大的壓力，末代皇帝溥儀的尊號和待遇隨時有被取消的可能。在這種情況下，李鴻章的兒子李經邁向皇族建議，讓溥儀學習英語及自然科學，以備政局有變時還可出國留學，也算有個退路。皇族內經過激烈的辯論，接受了李經邁的建議。於是，經過李經邁的推薦，莊士敦就當上了溥儀的英文教師。從此，這位勤奮好學的英國紳士走進皇宮，中外交往史上一段有趣的故事上演了。1919年2月，莊士敦正式接受了清室內務府的聘請，當上了溥儀的洋老師，負責教授英語、天文、地理、歷史、數學等。就這樣，在漫長的中國歷史中，莊士敦成了第一個也是最後一個擁有「帝師」頭銜的外國人。

　　當時，溥儀只有十三歲，還是個孩子。而莊士敦已經是一位有著良好聲譽的學者和官員了，他對中國文化有著濃厚的興趣，

廣泛涉獵中國的經、史、子、集，同時還通曉佛學和道家學說。淵博的學識和良好的修養，使他受到了中英兩國新聞界的共同追捧。

當上帝師後，莊士敦無微不至地關心溥儀，師生之間的關係迅速融洽。莊士敦發現溥儀「並不傲慢自大」，且關心時政，很好學。於是在教授英文之外，莊士敦還向溥儀介紹了許多西方的先進文化，使溥儀眼界大開。與此同時，他還對溥儀生活中的一些細節給予了恰到好處的關照，他最先發現溥儀的眼睛已經近視，然後強烈建議溥儀配戴眼鏡。

溥儀對這位洋老師也非常信賴，經常賜給洋老師一些字畫、古瓷等，最後更是賞賜這位洋老師以頭品頂戴。洋人做了中國皇帝的老師，這已然是一個奇蹟，這個洋人還得到了頭品頂戴，這更是奇蹟。所以，洋教師莊士敦和中國皇帝溥儀之間的親密關係一時傳為佳話。

莊士敦對溥儀的一生產生了重大的影響。莊士敦曾把進步期刊《新青年》推薦給溥儀，甚至還把胡適帶進宮裏，會見溥儀。此外，他還為溥儀引見了很多國際上的風雲人物，如印度的大詩人泰戈爾、英國海軍駐中國艦隊司令亞瑟·萊韋森、日本駐華使館參贊吉田茂等。

在溥儀的身邊工作了一段時間之後，莊士敦發現，溥儀雖然貴為皇帝，可實際上是一個很孤獨、很可憐的少年。皇宮裏的人欺瞞成風、貪污上癮，宮裏的財務管理十分混亂，弊病極多。出於對這位特殊學生的忠心，莊士敦建議溥儀實行「改革」，選用精明無私的改革派官員鄭孝胥來主管內務府，同時清查皇產，以實現高效、廉潔的財政管理。莊士敦的建議得到了溥儀的認可，可惜的是，當時的溥儀連自己的命運都不能掌控，自然沒有能力把「改革」進行到底。

1924年10月，馮玉祥將軍發動北京政變，囚禁了賄選總統曹錕，隨後又於11月5日將末代皇帝溥儀逐出了紫禁城。在政局混亂的情況下，莊士敦十分擔心溥儀的生命安危，他前往東交民巷

的使館區，請求外國公使盡力保護溥儀。他先後參見了英、日、荷使館官員，並同三國公使一起約見當時的外交部長王正廷，向其施加外交壓力。王正廷保證溥儀沒有人身危險，但提出廢除朝廷、停止皇帝稱號、修改對皇室的優待條件等要求。之後，莊士敦繼續奔波，直至將溥儀安全地轉移到日本使館。從1924年11月29日至1925年2月23日，溥儀在日本使館逗留了近三個月。在這段時間裏，溥儀經常去英國使館見他的老師兼保護人莊士敦。傍晚時分，這對患難師生經常在使館區南部的城牆上散步，從那裏眺望黃昏中的紫禁城，師生二人不免有許多感慨。或許正是由於這種觸動，莊士敦日後寫成了那本有名的回憶錄《紫禁城的黃昏》。

　　1925年2月24日，溥儀喬裝成學生，離開日本使館，趕赴天津，在日租界張園設立「行在」。1926年，溥儀已經二十歲，莊士敦辭去了「帝師」之職，但他與末代皇帝溥儀的友誼並未中止。1931年「九一八」事變後，他代表英國外交部來中國辦理歸還威海衛事宜，期間又順便到天津看望溥儀，並請溥儀給他的《紫禁城的黃昏》一書寫了序言。

　　《紫禁城的黃昏》一書於1934年在倫敦出版，出版後轟動歐洲，為莊士敦贏得了巨大的聲譽。在這部書中，他從一個熟知中國文化、繼而又身為帝師的外國學者的特殊視角，描述了自己的在華經歷，字裏行間浸透著他對近代中國歷史大變局的審視和思考。1987年，義大利導演貝爾托魯奇以《紫禁城的黃昏》為底本，拍攝了電影《末代皇帝》。

　　應該說，無論是作為教師還是作為學者，莊士敦都是非常優秀的。尤其是在北京事變後，他為末代皇帝溥儀所做的一切極為感人，堪稱良師益友的典範。但莊士敦亦有他的可悲之處。從理智上講，來自民主國度的莊士敦自然知道中國必然要完成從封建帝制向共和國體制的轉變，可是，囿於他與末代皇帝溥儀之間的特殊情分，他在情感上始終不能走出「帝國的黃昏」。

「九一八」事變之後，宋子文曾請求他勸阻溥儀，不要去日本控制下的滿洲去做傀儡皇帝，但他拒絕了宋子文的請求，在政治上選擇了復辟主義。而且，他的「忠君思想」比中國人還有過之而無不及。莊士敦一生未婚，老年用自己的版稅在蘇格蘭買了一個小島，並在島上升起了滿洲國的國旗。他還在住所辦了一個陳列館，陳列著末代皇帝溥儀賞賜給他的朝服、頂戴及各種物品等，以此寄託他對溥儀的思念。1938年3月6日，莊士敦逝世，享年六十四歲。

莊士敦本來是以來自先進國度的優秀學者的身份進入皇宮、成為「帝師」的，可是，他在向中國的末代皇帝傳播新知識、新思想的過程中，自己的思想卻日益保守，最後遠遠地落伍於時代。這實在是歷史的詭譎之處，它讓我們看到：在西方文化影響、改變中國人的同時，中國文化也在影響、改變著西方人。即便是在中國積貧積弱的時代，一個優秀的西方學者都會被帝國的黃昏所浸淫，並沉迷其中。我們是該為此感到自豪還是該為此感到悲涼？這就不是三言兩語所能說清的了。

第三章

李約瑟的中國情緣

　　鴉片戰爭之後，中國改變了過去閉關鎖國的狀態，開始「睜眼看世界」，認識西方、學習西方。從「西學」、「洋務」、「新軍」這些當年流行的辭彙上，我們就可以看出西方在中國現代化過程中所產生的重要影響。不過，影響向來是雙向的，在中國人向西方學習的過程中，西方人也在瞭解中國、審視中國。結果是，西方人中間出現了很多有名的漢學家。在眾多的漢學家中，李約瑟是大名鼎鼎的一位，他提出的「李約瑟難題」震驚中外，至今仍然是世界文化史上的一個著名課題。

　　李約瑟於1900年出生在英國倫敦，早年在劍橋大學從事生物化學方面的教學和研究。在三十七歲之前，他連漢字都不認識，對中國所知甚少。但是，一位中國姑娘的出現改變了李約瑟的人生軌跡和學術方向。這位姑娘名叫魯桂珍，她於1904年出生於湖北蘄春，早年學醫，後在一所醫學研究所工作。1937年，魯桂珍的未婚夫在對日作戰中犧牲。遭此打擊之後，魯桂珍斷絕了結婚的念頭，決定遠走海外留學。於是，她便和沈詩章、王應睞一起來到劍橋大學，攻讀生物化學系的博士。魯桂珍的導師便是李約瑟的夫人多羅茜・莫伊爾（中文名字為李大斐）。魯桂珍深得李約瑟夫婦的喜愛，三個人經常一起吃飯聊天。一次閒談中，李約瑟提到了一個問題：中國為什麼在科學技術上如此落後？魯桂珍聽後表示抗議，她說，認為中國科學落後完全是「西方中心論」的一種偏見。她還反問：「你瞭解中國古代文化嗎？」

　　這一問竟把李約瑟給難住了。同時，這一問也刺激了李約瑟，使他產生了探究中國文化的強烈衝動。此後，李約瑟迷上了

漢語和漢學，並開始了對中國科技史的研究。而魯桂珍也追隨李約瑟，一起將畢生的精力都投入到這項研究之中。這是一個全新的領域，他們兩個人「如進入了無邊無際的原始森林，越是向前走，就越是感到沒有盡頭」，結果，「把整個後半生全都獻給了這項事業。」

1942年，英國決定組建科學文化使團訪問中國，以支援抗戰中的中國，李約瑟有幸被選中。在華期間，他廣泛地考察了中國文化，結識了華羅庚、竺可楨、吳有訓、湯佩松、經利彬等一大批有名的科學家。這些科學家從各自的專業出發，向李約瑟介紹了中國古代科技的相關情況；此外，他結識了郭沫若、侯外廬、馮友蘭、聞一多、傅斯年等許多著名的人文學者，向他們請教中國古代的哲學、歷史、文學等問題。李約瑟的此次中國之行，歷時三年多，中途他還把遠在美國研究營養學的魯桂珍召到身邊，共襄大業。魯桂珍陪著他遍遊上海、北平和南京，二人尋師訪友，廣搜資料，收穫頗豐。通過這次訪問，李約瑟加深了對中國文化的瞭解，堅定了從事中國科學技術史研究的信心。他自己說，這次中國之行「註定了我今後的命運，除了編寫一本過去西方文獻中曠古未有的中國文化中科學、技術、醫藥的歷史專書，我已別無所求」。

李約瑟對中國文化的一片深情也感動了很多中國學者。歷史學家侯外廬在回憶文章中這樣描述他與李約瑟交往：「……我如約前往，會見了這位英國朋友。當時李約瑟的中文已達到能閱讀中國古代哲學著作的程度，他能聽懂、能表達對中國古代哲學的見解。會見中，他向我請教《老子》中一句話的意義。對此，我感到非常震驚。我尋思：一個外國人，跨進中國古代史的大門，在浩如煙海的故紙堆裏，竟能一下子捕捉到認識老子思想的關鍵。對於以往中國學者歷來感到困難，因而解釋得含混曖昧的問題，一個外國學者如此下工夫，窮究不止，使我非常感動。」最

後，侯外廬給李約瑟做出了解釋，李約瑟非常滿意，大有「柳暗花明」之感。

結束訪華之後，李約瑟赴巴黎任聯合國教科文組織自然科學部副主任之職。在巴黎工作了兩年之後，他回到了英國劍橋大學。此時，他雖然還是生物化學系的教授，但主要的精力已經轉移到了對中國科技史的研究上去了。1954年初，李約瑟撰寫的《中國科技史》第一卷出版。此書一問世便震動了西方學界，英國著名歷史學家湯因比撰文稱讚道：「作者用西方術語翻譯了中國人的思想，而他是唯一一位在世的有資格勝任這項極其艱難工作的學者。李約瑟博士的著作的實際重要性，和他擁有的知識量一樣巨大。這是比外交承認還要高出一籌的西方人的『承認』舉動。」兩年後，《中國科技史》第二卷出版。隨後第三卷、第四卷……陸續出版，到現在，由李約瑟主編的《中國科技史》英文版已有七卷共二十八個分冊，堪稱皇皇巨著。

在李約瑟研究中國科技史的過程中，魯桂珍一直從旁相助，成為其須臾不離的工作伴侶。難能可貴的是，李約瑟的夫人李大斐不僅全力支持丈夫的事業，而且對李約瑟與魯桂珍之間的親密關係亦予以理解，使得「三人世界」十分融洽。1987年，李大斐因病去世。1989年，八十九歲的李約瑟與八十五歲的魯桂珍舉行了隆重的婚禮。對於這場婚禮，李約瑟說：「就是遲了也比不做強！」他還說：「再也沒有比娶中國人為妻，更能說明我對中國文化的愛戀了。」1991年，魯桂珍去世。1995年，李約瑟去世。至此，一段曠世奇緣圓滿謝幕。

在《中國科技史》中，李約瑟以豐富翔實的史料，全面系統地闡明了四千年來中國科學技術的發展狀況，展示了中國古代的科技成就及其對世界文明作出的貢獻。由此引發，他提出了一個問題：「在上古和中古時代，中國科學技術一直保持一個讓西方望塵莫及的發展水平，中國的科學發明遠遠超過同時代的歐洲，這已被證明是形成近代世界秩序的基本因素之一。可是，中國的

古代文明卻沒有能夠在亞洲產生出與此相應的現代科學，其中的阻礙因素又是什麼？」這便是著名的李約瑟難題。

李約瑟難題其實是對中國文化的一種深情追問，對此，李約瑟本人亦在晚年試圖解答。他的結論是：中國社會長期存在的官僚制度是問題的關鍵。權力高度集中在皇帝手上，各級官僚代表皇帝來管理國家。這種制度產生了兩種效應。正面效應是，中國通過科舉制度選拔了大批受過良好教育的人，他們的管理使得中國井然有序。負面效應是，權力高度集中的社會必然導致「官本位」思想盛行，官僚們的思想日益保守，新思想、新觀念經常受到官僚們的打壓，新科技的發展也隨之失去了思想土壤和現實空間。這便是中國近代科學落後的最主要的原因。

對於李約瑟難題，至今還沒有一個公認的完美的解答，但是大家都承認，李約瑟本人的結論極為重要，它可能不夠盡善盡美，但足以啟發人們的思考。

#

帶槍傳教的狄考文

鴉片戰爭之後，西方傳教士紛紛來到中國傳教。山東作為中國的沿海省份，吸引了很多傳教士的目光。傳教士們紛紛在這裏從事傳教、教育、慈善等活動。在這樣的背景下，山東的許多教會學校脫穎而出，聞名全國。登州文會館就是這樣的一所教會學校。登州文會館的前身是蒙養學堂，而它本身又是齊魯大學的前身。由小學而中學，由中學而大學，這一歷程在教會學校的發展史上很有典型意義。據此，有的學者認為登州文會館是中國最早的教會大學。而創辦蒙養學堂和登州文會館的人就是著名的基督教傳教士狄考文（Calvin Wilson Mateer）。

一、初到中國的狄考文

狄考文（1836-1908），出生於美國賓夕法尼亞州，父親和母親均為美國長老會的教徒，所以他從小就受到基督教的薰陶，中學後接受洗禮，也成了一名基督教徒。1863年，已經擔任神職的狄考文接受美國長老會的派遣，攜新婚夫人前往中國。他們於1864年1月在山東登州（今蓬萊）登陸，從此開始了在中國的傳教生涯。

到達山東登州後，狄考文苦學漢語，在幾個月的時間內，他就學會了漢語，開始用漢語傳教。他一邊傳教，一邊調查山東的風土人情。初步的調查大大地刺激了狄考文的野心，他在給美國長老會寫的報告中稱：「山東省比我的家鄉賓夕法尼亞州還要大

三分之一，居民有三千萬之眾，氣候與美國肯塔基州相似，出產也沒多大的差別。我要大聲疾呼：讓長老會攻佔這個省份。在以往的時代裏，中國的宗教和政治都是由山東產生的，而今後則基督教要教育中國。」

狄考文傳教有個特點，就是每次外出都要帶著手槍（這把手槍是他在離開美國之前購買的）。嘴裏講著福音書，身上帶著手槍，狄考文的這種做法的確很有象徵意味——中國確實是在武力的威儡之下才向基督教敞開國門的。

1864年4月，狄考文帶著二十八箱福音書，從登州出發，一路散發。一天，在前往青州府的路上，一群中國人見到狄考文都喊「洋鬼子」。狄考文早已習慣了中國人對他的這種稱號，不以為然，繼續「講道」，可是，當他指責當地的群眾不該迷信占卜的時候，聽眾中的一位算命先生要同他進行辯論。狄考文自恃有理，毫不謙讓，結果發生了爭執。那位算命先生看到群眾支持自己，就拿一把長矛，要刺殺狄考文。狄考文的手槍這時恰好派上用場，他向後退了幾步，一手按住長矛，一手拔出手槍。算命先生一看這個「洋鬼子」手裏有槍，自知不是對手，趕緊扔掉長矛逃跑。

在傳教的過程中，狄考文明顯地感受到了中國人對「洋教」的敵視情緒，遂萌生了宗教要「同種相傳」和培養「天性未漓之兒童」的想法。於是，他在登州租了一座廢棄的寺院，招收了六名窮孩子，教他們讀書。對這六名「寒素不能讀書」的孩子，狄考文「不惟免其修金，並且豐其供給，一切衣履、鞋襪、飲食、紙張、醫藥、燈火以及歸家路費，皆給自本堂。」他把這所慈善小學定名為蒙養學堂。狄考文聘請一位受洗入教的中國儒生教授經學，他親自教常識、算術，他的妻子則教授地理、音樂。

對於創辦蒙養學堂的初衷，該校早期的畢業生王元德先生說：「先生蒞登州時，其他傳道於中國者，惟賴一己之口舌……而先生竊思一人之能力幾何，偌大之中國，不可以少數西人而廣

收其效也。況以同種傳同種易，異種傳異種難，不若招集天性未灕之兒童，培之以真道，啟之以實學，更復潔以恩義，以其學成致用，布散國內，其收效之速，當止倍蓰。」

蒙養學堂在1864-1872年間只有小學課程，從1873年開始設中學課程，到1876年停止，歷時十二年之久，可是辦學效果並不明顯。據統計，蒙養學堂在小學階段共收「生徒」八十五人，其中學滿六年者只有四人，而「皈依基督教者，凡十四人，至一八七二年背道者已五人矣。」中學階段，蒙養學堂所教學生「不堪造就者十之九，其效用於教會者，一人耳」。

雖然蒙養學堂沒有實現狄考文的辦學初衷，但狄考文通過這十多年的辦學實踐，總結出了在中國開辦教會學校的成熟理念，為他日後創辦山東登州文會館積累了經驗。

二、登州文會館的創建

1876年，狄考文將登州蒙養學堂改為文會館，由中學升格為書院。登州文會館除了教授基督教課程外，還將中國的儒家經典作為十分重要的課程來學習。之所以這樣做，狄考文是有著充分考慮的：山東是儒家思想的發源地，教會學校要在山東立足並產生影響，不重視儒家經典的學習是行不通的。

狄考文說：「真正的教會學校，其作用並不單在傳教，使學生受洗入教。而應看得更遠，要進而給入教的學生以智慧和道德的訓練，使學生能成為社會上和教會內有勢力的人物，成為一般民眾的先生和領袖。……中國作為儒家思想支柱的是受過高等教育的士大夫階層，如果我們要對儒家的地位取而代之，我們就要訓練好自己的人，用基督教和科學教育他們，使他們能勝過中國的舊式士大夫，從而取得舊式士大夫所占的統治地位。」他還說：「本校重視這些論說（指儒家經典），因政府科舉所要求

的，也是作為受尊敬的學者所必需的。」顯而易見，狄考文創辦登州文會館的目的，就是要培養出既認同基督教，又熟知儒家經典的新式士大夫階層，以取代中國舊式的士大夫。

登州文會館與其他教會學校最大的不同就是它不開英語課。對此，狄考文也有自己的理由，他說：「假使我們必須教授英語，我們無疑將得到中國官吏和富人的贊助和支持。這樣，我們將被迫放棄學校的具有特色的宗教性質這個好的措施。我們招到的將是另一類學生。學校的宗教風氣將迅速改變，而置我們於不顧。還有一個結果也將不可避免，那就是，中國的學術標準將下降，學習英語將使掌握中國古典文學受到致命的影響。學生們學到英語後……他們將立即去找工作，他們的英語知識將給他們高的工資。更有進者，登州不是一個外國人居住的商埠，而是一個隔開的內地城市，這裏不是設立一所學校教授英語，使之成為顯著特點的地方。」

除基督教和儒家經典外，登州文會館還教授許多自然科學和社會科學的知識，包括數學、世界地理、世界歷史、心理學、邏輯學、政治經濟學、測繪學等，這對當時的中國是具有啟蒙意義的。

1881年，狄考文向美國長老會總部提交了把文會館建成正式大學的計畫書。計畫書的內容包括：登州文會館擴建為大學，定名為山東書院；在基督教的影響下，對學生施行充分的中西學教育；所有課程都用中文教授；逐步實現學生自備學費，儘快培養一批能勝任教學工作的中國籍教師；學校向中心地區遷移。到1890年，他把計畫書中所體現的思想概括為三句話，即「實施完整的教育」，「用中國的語言施教」，「在強烈的宗教影響下進行教育」。他說，這三點不僅僅是一種理論，而「恰恰是登州學校持續二十五年提煉出來的實踐經驗。」狄考文一再強調：教會學校必須講授中國的儒家經典、西方的自然科學和社會科學；教會學校必須形成中學到大學的遞進的教育體系；教會學校培養出

來的學生必須能為中國所用。只有這樣，基督教思想才能在中國得以廣泛傳播。

在這種教育理念的指導下，登州文會館發展迅速。狄考文每次回國休假都要參觀新建立的現代化企業，瞭解科技的最新發展情況，並不惜重金購置實驗設備。這樣，到了十九世紀末，登州文會館已經擁有了和美國一般大學同樣的設備。後來被認為是齊魯大學四大設備的實驗室、電機房、天文臺、印刷廠在此時已然成型。

1900年，義和團運動爆發，狄考文在登州經營多年的文會館被毀。1902年，時局平靜後，美國長老會與英國浸禮會在青州舉行聯席會議，通過了合辦山東基督教聯合大學的決議。1903年，登州文會館與英國浸禮會在青州辦的廣德書院合併，定名為廣文學堂。1917年，廣文學堂與青州神學院合併，隨後，搬到「中心地區」濟南開學，是為齊魯大學的前身。

三、狄考文的其他活動

1895年，狄考文辭去了登州文會館校長的職務，把主要精力用在翻譯《聖經》上，此外，狄考文還參與了教會學校教材的編寫。1877年，在華基督教（新教）傳教士在上海舉行全國大會，會議通過了一項決議，就是各教派聯合組織一個學校教科書委員會，推舉狄考文為委員之一，並擔任主席。這個委員會決定編寫初級和高級教科書，以供教會學校使用。初級教科書主要由傅蘭雅負責，高級教科書主要由林樂知負責，狄考文除了主持該委員會的全面工作外，也承擔了一些編寫工作。

仍然是在1877年在華基督教（新教）傳教士第一次全國大會上，傳教士內部發生了意見分歧，一部分傳教士認為，傳教士到中國來，是為了向人們宣傳基督教，而不是為了傳播科技知識，

「傳播世俗的知識是需要的，但傳播福音更重要」，所以傳教士不應該花時間從事科學知識的傳播，「這項任務應該由其他人來擔當」。對此，狄考文表達了不同的意見。他宣讀了自己撰寫的報告〈基督教差會與教育之關係〉，在這篇報告中，狄考文極力主張要通過傳播科學的手段來傳播宗教，他說：「開辦教會學校的目的，我認為……不僅要使他們皈依基督教，而是要在他們皈依基督教之後，能成為上帝手中得力的代理人，以捍衛真理的事業。這些學校傳授西方的科學和文明，必不可少地要在物質上和社會上產生巨大的善果。」他還明確地指出，如果中國人的科學知識不是從傳教士那裏學來的話，那麼日後中國人就會用科學來抵制基督教，「如果科學不是作為宗教的盟友，它就會成為宗教最危險的敵人。」

1890年，在華基督教（新教）傳教士在上海召開第二次全國大會，會議決議將原來的學校教材委員會改組為中華教育會，狄考文當選為首任會長。正是在這次大會上，狄考文提出了教會教育的三條原則：「實施完整的教育」，「用中國的語言施教」，「在強烈的宗教影響下進行教育」。他在這次大會上再次強調：「不願意將西方科學引進到中國來，這既不是正確的政策，也不是真正的基督教精神所在。我們不管同意與否，西方科學將照樣輸入中國。教會要是明智的話，就應當站在教育工作的最前列，在中國取得如同它在西方國家所取得的地位，充當中國比較高級和優化教育的先驅。這是它固有的權利，也是它應盡的責任。這樣做既可擴大科學和文化的影響，也可促進教會自身的發展。」

1908年，狄考文因患腹疾在青島去世，終年七十二歲。縱觀狄考文的一生，他的絕大部分時間和精力都用在辦教育、向中國人傳播「西學」上。雖然他這麼做的最終目的是為了傳播基督教，但是他創辦的登州文會館畢竟打開了一扇讓中國人瞭解「西學」、學習「西學」的視窗，客觀上促進了中國近代教育——尤其是山東近代教育——的發展。

第五章

高羅佩：癡迷於中國文化的老外

　　高羅佩是一位著名的荷蘭漢學家。他出生於1910年，原名為羅伯特‧漢斯‧古利克（高羅佩是他為自己取的中文名字），他的父親是一位軍醫。中學時期，家中花瓶上的中文使他對中國產生了濃厚的興趣。基於此，他在1930年進大學的時候便選擇漢學作為自己的專業。大學畢業後，高羅佩在外交界供職，成為外交官。他一直傾心於中國文化，在工作之餘學習中國的書法、篆刻、繪畫、彈琴等。

　　1943年，高羅佩以荷蘭流亡政府駐中國使館一秘的身份來到中國的重慶。初到重慶，高羅佩就被神奇的中國文化所吸引。當時，重慶是中國抗日戰爭的大後方，許多優秀的文化人因躲避戰火而雲集於此。在這裏，高羅佩得以近距離地接觸中國的文化名流，為他全面地瞭解中國文化打下了良好的基礎。

　　首先，他對中國琴藝發生了濃厚的興趣。不久，他聘請中國琴師指導自己彈奏《高山流水》等樂曲，據說，每次彈琴，他都神情專注，搖頭晃腦，沉醉其中。同年他還與於右任、馮玉祥等人一起組織了「天風琴社」，並用英文寫作了《琴道》一書，向世界介紹中國的「琴學」。

　　高羅佩還癡迷於中國書法。他從二十歲開始練書法，到重慶後，他更是將這種愛好發揮到了極致。他的「高體」字筆力雄健，功底深厚，擅長行書與草書。高羅佩還是一位東方文物的收藏家和鑑賞家，古琴、書畫、瓷器、琴譜、佛像等都是他收藏的對象。

高羅佩還是一位藏書家，他收藏的重點是中國古籍。在他逝世後，他的全部藏書及遺稿由家屬捐送出來，珍藏於荷蘭萊頓國立大學漢學研究院專門設立的「高羅佩藏書室」，這個藏書室現已成為研究中國文化的一塊寶地。

在強烈認同中國文化、並為之癡迷的同時，高羅佩還娶了一位中國女子。她就是清代名臣張之洞的外孫女水世芳。水世芳的父親水鈞韶曾在中國駐列寧格勒總領事館工作，後來當過天津市的市長。水世芳畢業於當時有名的齊魯大學，1943年，她與高羅佩結婚。二人婚後育有四個子女。

當然，高羅佩最值得稱道的成就還是他寫作的偵探小說《狄公案》。在重慶期間，高羅佩讀到一本清代無名氏的公案小說《武則天四大奇案》，他對主人公狄仁傑屢破奇案的本領很感興趣。他先是將《武則天四大奇案》中的一部分譯為英文，然後又以狄仁傑為主角用英語創作了《銅鐘案》。英文本的《銅鐘案》在歐洲出版後大獲成功，一發不可收拾。在出版商的再三催促下，高羅佩一鼓作氣，又陸續創作了《迷宮案》、《黃金案》、《鐵釘案》、《四漆屏》、《湖中案》等十幾部中短篇小說。這些作品最終構成了高羅佩的「狄仁傑系列大全」，即《狄公案》。《狄公案》一書的內容十分廣泛，涉及唐代的政治、司法、吏治、外交、軍事、工商、教育、文化、宗教、社會生活等各個方面。全書均仿宋元話本體例寫成，這在世界漢學著作中是獨一無二的。

高羅佩對中國文化、藝術、法律及社會歷史等方面的淵博知識在《狄公案》中得到了充分的體現。小說在講述狄仁傑偵破各種疑難大案的同時，還廣泛描繪了中國唐代的社會生活。高羅佩的《狄公案》被譯為法文和德文後，在世界範圍內都獲得了巨大成功，就連瑞典語、芬蘭語、克羅地亞語等小語種都翻譯了高羅佩的《狄公案》。毫不誇張地說，神探狄仁傑能走出國門，成為西方人心目中的「中國福爾摩斯」，高羅佩居功至偉。

高羅佩的重要貢獻在於，他以自身的創作實踐，將中國傳統的公案小說發展為現代意義上的偵探小說。西方偵探小說誕生之前，古老的中國就存在著一種同西方偵探小說相似而又有所不同的通俗文學品種——公案小說。它是從話本故事演變而來的，大多寫封建社會清官廉吏斷案的故事。公案小說同偵探小說相類似，但在破案的過程及方法的描繪方面，公案小說則與偵探小說有很大的不同，它缺乏驚險的懸念和嚴密的推理，所以未能形成西方偵探小說那樣的嚴謹格局。高羅佩依靠豐富的中國古代文化知識，對中國的公案小說進行了改造和創新。他的《狄公案》在敘述故事、展開情節的同時，把中國古代社會的風俗習慣、人情地貌同西方現代心理學、偵破學知識巧妙地結合起來，把東方小說中大故事裏套小故事的結構方式同西方的文學技法融為一體。在敘述方式和寫作技巧上，它既不同於中國的公案小說，也有別於西方福爾摩斯、波洛的探案故事，做到了東西方文學的互補與交融。

作為一位多才多藝的漢學家，除了學習中國文化和創作中國偵探小說外，高羅佩還研究中國古代的房中術，並於1961年寫成了《中國古代房內考》一書，從而成為全世界系統研究中國房中術的第一人。中國當代性學專家劉達臨先生在他編著的《中國歷代房內考》一書中就多次提到高羅佩，並引用了他的學術成果。可見，老外一旦真的癡迷漢學，其治學精神一點也不亞於中國人。而且，由於視角獨特，他們常常能取得開創性的成果。

1968年9月24日，高羅佩在荷蘭海牙辭世，享年五十七歲，他當時的官方身份是「荷蘭駐日本大使」。不過，後人更願意稱高羅佩為著名的漢學家——確實，取中文名字、娶中國女子為妻、一生致力於中國文化的研究與傳播，對中國這樣一往情深的人如果再不被稱為漢學家，那誰還有資格做漢學家呢？

余秋雨曾經說過，世界上其他地區（比如古代埃及、古代巴比倫、古代希臘等）的古典文明都消失了，只有中國文化在歷

經五千年之後依然充滿生機，這不能不說是一個奇蹟。從這一點上，我們可以看出中國文化所具有的極強的生命力。我們要補充的是，中國文化的生命力不但表現為它可以長久地影響中國人，並被一代又一代的中國人發揚光大，而且還表現為它可以「俘獲」外人，使老外為之傾倒，進而為其添磚加瓦。高羅佩就是這樣一位先被中國文化「俘獲」、然後又為中國文化添磚加瓦的漢學家。言及此，我們還真有理由為中國文化的博大精深而自豪。

彼得‧伯駕與林則徐的疝氣

　　彼得‧伯駕（Peter Parker）是美國來華的第一個傳教士，在近代中外關係史上也是一個重要的人物。他於1834年10月來到中國澳門和廣州，於1935年11月在廣州創辦了新豆欄醫局，這是外國傳教士在近代中國開設的第一所西醫醫院。由於醫院的經費由英、美商人捐助，伯駕在1839年以前一直免費為中國百姓治病。正因如此，在開設的第一年，新豆欄醫局就診治病人兩千一百五十二人次，贏得了中國百姓的信任。更值得一提的是，很多清朝的官員也慕名請伯駕看病，其中就包括大名鼎鼎的林則徐。

　　道光十九年（1839年）春，林則徐以欽差大臣的身份到廣州著手禁煙。林則徐本來就有疝氣病，來廣州後勞累過度，舊病復發。這一年的7月，林則徐託人與伯駕取得聯繫，討教了兩件事：其一，西方有無戒鴉片的特效藥；其二，能否治療疝氣病。前者為公，後者為私。伯駕答覆，沒有戒鴉片癮的特效藥，但治疝氣病有辦法，不過要病人親自來，因為他要給病人量身定制一個疝氣帶。這時，有趣的事情出現了，林則徐以為，身為欽差大臣，自己的身體不能輕易地給外國人看，如果再把身體的隱私部位暴露給傳教士，那實在是有失「官體」的事。所以，就找了個身材和自己相仿的人作替身，派他去見伯駕。伯駕雖然對林則徐的做法難於理解，但還是給林則徐建了一個編號為6565的病歷，為其診斷了病情，託人帶去了藥物和疝氣帶。經伯駕的治療後，林則徐的病情明顯好轉。為表感謝，林則徐派人給伯駕送去了水果。

如果事情到此結束，人們可能就把它僅僅當成一段歷史趣話了。可是，問題沒這麼簡單。林則徐在治療疝氣時的表現，可以說是當時中國人思想局限性的一個象徵。在鴉片戰爭之前，中國人普遍的觀念是：大清國是「天朝上國」，大清國的軍隊是戰無不勝的，大清國的皇帝是永遠聖明的，而英吉利不過是「蕞爾島夷」！長期的閉關鎖國使得中國人根本不瞭解西方，不瞭解人家西方的工業革命與思想啟蒙，更不瞭解所謂的「西學」和國際法則。

林則徐是道光年間最偉大的政治家，是「近代中國睜眼看世界的第一人」，他的愛國情懷和實幹精神永遠值得人們敬仰，可是即便如此，他的思想觀念仍有局限性。這種局限性不僅僅體現在看疝氣上，也體現在他嘔心瀝血所領導的禁煙運動中。林則徐和他領導的禁煙運動的歷史功勳是任何人都不能抹殺的，可是，在禁煙運動中，林則徐所採取的一些「嚴切手段」在今天看來卻大有檢討的必要。在《中國近百年政治史》一書中，著名的歷史學家李劍農先生就指出：「他（林則徐）那懇切至誠的精神，我們至今還應該敬仰佩服。但他對外的思想知識，為時代所拘，因之所採取的手段方法，也不能不錯誤，我們不能為他諱飾。他的注意點，專在鴉片一件毒物上面：第一要消滅已經到了廣東的鴉片，第二要斷絕以後鴉片的來源。凡他認為可以達此目的的一切手段，儘量採用。」也就是說，在禁煙的過程中，林則徐犯了「為了目的不擇手段」的錯誤。

為了更好地理解李劍農先生的話，我們不妨簡單地回顧一下歷史。1839年3月18日，剛到廣州八天的林則徐就下了兩道「諭帖」，命令中外所有商人必須將現存所有鴉片一律上繳，不許有絲毫隱匿；同時要出具保證書，聲明「嗣後來船，永不夾帶鴉片，如有夾帶，一經查出，貨盡沒官，人即正法」。第二天，林則徐又下令，在廣州的所有外商，在鴉片未繳清之前一概不許離開廣州。隨即，在外國人的商館周圍佈置衛兵，「稽查出入」，

商館與黃埔、澳門之間的船舶往來也一併截斷，不許私通資訊。接著，又將外國人所雇傭的中國僕役從英國商館撤離，於是，所有的英國人均被圍困於商館之內，「形若獄囚」。林則徐以為，把外國商人圍禁在商館之中，他們沒有辦法，就只能將鴉片交出來了。果然，英國商務監督義律迫於形勢，通令英商將所有鴉片交出，共兩萬兩百八十三箱。這些鴉片後來在虎門銷毀。

如此一來，林則徐的第一個目的——消滅已經到廣東的鴉片——已然達到。只要英商再寫下日後「永不夾帶鴉片」的保證，整個禁煙運動就可大功告成了。可是，義律堅決不讓英商出具這樣的保證書。他認為，查出商人夾帶鴉片，不經過正常的審判程式，就「貨盡沒官，人即正法」是一種非常粗暴的不法行為，與現代的法制觀念萬萬不容，遂命令英國商人退出廣州，移住澳門。然後他在澳門致函林則徐，希望在他沒有接到英國政府的訓令之前，林則徐能夠准許英國商船在澳門起卸貨物。這一要求也遭到了林則徐的拒絕，中英關係日趨緊張。

隨後發生了林維喜事件，此事成了戰爭的導火線。1939年7月7日，英國水兵多人到香港附近的尖沙咀買酒，因買酒不成，遂對當地百姓施暴，居民林維喜被毆打致死。事情發生後，中英兩國為爭奪裁判權再次發生爭執。中方以犯罪地點在中國領土為由，要求義律將兇犯交給中國，而義律不肯。林則徐遂沿用嘉慶時期的舊例，對英國人「禁絕柴米」，「不准買辦食物」，認為以此可以「壓服」英國人，沒想到卻激起了戰爭。

這就涉及到了中英兩國在思想觀念上的巨大差異。在封建制度下的中國，「皇言如綸」，皇帝的命令就是法。相應的，得到皇帝默許的官府的命令也可以成為「新法」，欽差大臣的命令當然就更可以成為「新法」。外國人來到中國的土地上，不聽欽差大臣的命令，「不聽吆喝」，幾乎就等同於違抗聖旨，所以「貨盡沒官，人即正法」實在是天經地義的事。至於「圍禁商館」、「禁絕柴米」等做法，則不過是為了讓你們交出違禁品所採取的

措施——「好言相勸你不聽，就只好給你來點厲害的了」。這是中國官府辦案的常規套路，用「連坐」的辦法逼你就範，用追究連帶責任的方式使你屈服。鴉片既是英國人販賣的，英國商館就該負連帶責任，義律尤其應該負「領導責任」，所以「圍禁商館」沒什麼不對；林維喜是英國人打死的，你義律不肯將兇犯交出，你就是庇護罪犯，自然也該負連帶責任，「依嘉慶十三年之先例，禁絕柴米食物」又有什麼不妥？用林則徐奏報給道光皇帝的話說，這不過是「喻以理而怵以威」而已。用當時中國人的眼光來看，這一切也實在沒什麼可大驚小怪的——中國官員對本國的老百姓一貫施行的不就是這一套嗎？

可是，在英國人看來，在一個文明的國度裏，國家的法律和政府的命令完全是兩回事，政府隨便的一個命令斷不能立即構成新罪名，你欽差大臣的一個命令怎麼就可以置人於「貨盡沒官，人即正法」的地步？此外，判定他人有罪，要有充分的證據，不能在犯罪事實尚為查明之前就隨意剝奪他人的財產權和人身自由權，更不可僅憑懷疑就將懲罰加諸某一特定人群。以此來看，林則徐勒令交出鴉片、「圍禁商館」、「禁絕柴米」等做法皆屬強暴非法之舉，「是可忍，孰不可忍？」英國人很憤怒，後果也很嚴重，1840年春，英國決定對中國出兵，6月英國軍艦抵達廣東沿海，鴉片戰爭就這樣爆發了。

其實，早在鴉片戰爭開始之前，就有人看到了林則徐「不暸解西方法律和國際慣例」這一缺欠及由此可能造成的嚴重後果。這個人便是給林則徐治療過疝氣的美國傳教士伯駕。1839年7月，他給林則徐寫了一封信，信中詳細闡述了他對中英局勢的看法。他首先表達了對林則徐的敬意和對禁煙運動的理解：「（我）在來廣州之前，已有許多人稱道閣下的清廉、愛國主義和人道主義。我自第一次獲悉這樣一位大臣即將光臨，心中感到非常高興。慈悲的上帝給予他的國家一位拯救者，來消除如此令人憂慮的罪惡。我每天向上帝傾訴最熱忱的祈禱，求上帝

引導欽差大臣，能夠勝任這項困難的事業。」接著，他指出了林則徐在禁煙運動中的一些缺憾：「欽差大臣由於不瞭解各國的法律，不曉得他們的強大，無意識地採取了與友好國家慣例相抵觸的措施，已經程度不輕地得罪了英國。」然後提出他自己願意出面調解中英兩國的矛盾：「鄙人願不惜個人生命的安危，採取任何手段幫助大國之間恢復和好。我是一個世界公民，全人類的朋友，只有一個目標使我的生命感到寶貴，那就是竭盡全力做一切善事。」在信的最後，他還說：「我還要進而向閣下建議，最好能預見到戰爭的害處，撇開『強硬的語言』（這就是驕矜與傲慢），採取和平的解決辦法。英國已經準備提出她認為公正的要求，倘若不肯欣然答應的話，隨之而來的將是流血。英國已經在世界各地佔領了許多國家，我擔心英國也希望佔領中國。……我最樂意再次向閣下請願，在我的能力範圍內，儘量為閣下效勞。」種種史料證明，林則徐當年收到了伯駕的信，可是他沒有答覆。避免戰爭爆發的最後機遇就這樣溜走了。到了1840年4月，伯駕給美國的親屬寫信說：「中國和大不列顛的戰爭看來是無法避免了，而且在不遠的日子就會爆發。我已經施加了我一點小小的影響，讓中國能預見和避免這次不幸，但是他們太驕傲，不肯屈從，而且是深深地陷在無知之中，對已經被他們從獸穴中弄醒的獅子（英國）的力量，仍然毫無感覺。」

兩個月後，中英之間的鴉片戰爭爆發了。伯駕不得不關閉他在廣州的新豆欄醫局，離開廣州前往澳門。三個月後，林則徐亦被革職。到1842年8月，鴉片戰爭最後以清朝的割地賠款而告結束。

仁人難期永壽，智者不免斯疾。林則徐雖然是「仁人」，可是，他也會得疝氣病，得了疝氣病也得請洋人治療；林則徐雖然是「智者」，是「近代中國睜眼看世界的第一人」，可是由於時代的局限，他對西方的瞭解仍然是十分有限的。由於不瞭解西方的法律和國際慣例，他在禁煙運動中所採取的「嚴切」手段挑戰

了西方文明的「禁忌」，激化了中英兩國的矛盾，並最終引起了戰爭。從這個意義上講，鴉片戰爭在成就了林則徐一世英名的同時也跟他開了一個小小的「玩笑」。

　　今天的國人固然無法要求一百六十多年前的林則徐具有現代的法治精神和人權觀念，但是我們有權利要求今天的官員不要再犯林則徐犯過的錯誤。

第七章

柔軟而堅硬的自由

──讀錢滿素《美國自由主義的歷史變遷》

　　最近幾年，談論自由主義的文章和書籍不少，不過很多都是從政治理論的視角來闡述的。錢滿素的《美國自由主義的歷史變遷》一書則從歷史的視角切入，通過美國的具體歷史實踐來考察自由主義的確立和成長過程，為人們更深入地理解自由主義提供了一份鮮活的標本。正因如此，這本書才有特別的意義：這除了能讓人從學理上領會自由主義的思想魅力外，還能讓人看到自由主義在實踐層面上的適應性和靈活性。

一

　　站在有著兩千多年封建專制傳統的中國去眺望北美洲的那片土地，我們不得不承認，人家美國從建國之初就有著深厚的自由主義的思想傳統。1620年，約翰‧溫斯羅普帶領著清教徒，乘坐「五月花號」，跨越了三千英里的大西洋，來到北美蠻荒，他們在登陸普利茅斯時簽訂的那份《五月花公約》就蘊涵了自由主義的種子──憲政和契約精神在這份歷史文獻中得到了充分的體現。清教徒既不想當奴隸，也不想當主子，「他們將財富視為上帝恩寵的象徵，是得救的外在跡象，因此以富裕為榮。同時他們又主張勤奮節儉，反對奢侈，兩者相輔相成，就養成了一種獨特的心態和行為方式，無意中非常有利於新的資本主義經濟秩序的發展。」

擺脫了英國的清教徒最初也是存有烏托邦幻想的，他們認為，自己跨越大西洋的遷徙之舉是完成與上帝的約定，當踏上北美土地的時候，「上帝的子民」就已經獲得了獨立，剩下的，就是創建「山巔之城」——按照《聖經》去構建教會和政府，引導人民服從上帝，勤奮工作。為此，清教徒最初的組織建立在三大契約之上：天恩之約、教會之約和公民之約。天恩之約是信徒個人與上帝之間的約定，教會之約是信徒之間的約定，而公民之約是信徒作為公民在成立世俗政府時的約定。顯而易見，在最初的契約中，宗教色彩十分強烈。在麻塞諸塞殖民早期，只有教會會員才有在政府中任職的權利。可是，到了移民的第二代，美國人的宗教色彩大大減弱，清教徒的子女們對父輩視為特權的教會會員資格已經很不在意了。他們沒有宗教體驗可以彙報，不能取得會員資格。可是，如果不接納他們為會員，他們的下一代又該怎麼辦？這個政教合一的政權日後又該如何維持？最後，美國人只好減低標準，在1662年搞「半途契約」，規定凡是會員的子女都能成為「半會員」，以使他們的子女能照樣受洗，並有望成為會員。在教會不惜改變原則以遷就現實的時候，清教美國化和現代化的過程也就開始了，而這一過程一旦開始就再也不能停下來了。清教徒「山巔之城」的理想在世俗壓力面前失敗了，可是一個遷就人性的良好傳統卻保留下來了。這一點十分重要。一個理論一旦被尊奉為萬世不變的教條，那麼它的思想活力也就喪失殆盡了，它距離被人們拋棄的時間也就不遠了。

《獨立宣言》的發表標誌著自由主義思想在美國的確立，它意味著自由主義是美國的立國之本。下面這段人們耳熟能詳的句子就是美國人兩百多年來的共識——

> 我們認為下面這些真理是不言而喻的：人人生而平等，造物者賦予他們若干不可剝奪的權利，其中包括生命權、自由權和追求幸福的權利。為了保障這些權利，人類才在他

們之間建立政府，而政府之正當權力，是經被治理者的同意而產生的。當任何形式的政府對這些目標具有破壞作用時，人民便有權力改變或廢除它，以建立一個新的政府；其賴以奠基的原則，其組織權力的方式，務使人民認為唯有這樣才最可能獲得他們的安全和幸福。為了慎重起見，成立多年的政府，是不應當由於輕微和短暫的原因而予以變更的。過去的一切經驗也都說明，任何苦難，只要是尚能忍受，人類都寧願容忍，而無意為了本身的權益便廢除他們久已習慣的政府。但是，當追逐同一目標的一連串濫用職權和強取豪奪發生，證明政府企圖把人民置於專制統治之下時，那麼人民就有權利，也有義務推翻這個政府，並為他們未來的安全建立新的保障——這就是這些殖民地過去逆來順受的情況，也是它們現在不得不改變以前政府制度的原因。

　　《獨立宣言》發表於1776年，到了1787年，美國人又以憲法的形式使自由主義思想體制化。

二

　　以憲法的形式將自由主義確定為美國的主流意識形態，這僅僅是自由主義思想「萬里長征中的第一步」，在漫長的歷史中，自由主義顯然還要接受來自各個方面的考驗。實踐是檢驗真理的唯一標準，一種思想只有充分地經受得住來自歷史實踐的各種考驗，才能夠真正地被後人認可。

　　第一種考驗來自自由主義的內部。就在制定美國憲法的過程中，自由主義思想者的內部發生了「黨爭」，先是聯邦黨人與反聯邦黨人之爭，其後又是聯邦黨與民主共和黨之爭，最後一直發

展為共和黨與民主黨之爭。在聯邦黨人與反聯邦黨人之爭中，一派強調建立聯邦政府的重要性，另一派則擔心過於強大的中央政府會催生獨裁者，削弱州權，並進而侵犯公民權利。反聯邦黨人的這種擔心其實聯邦黨人也有，於是，聯邦黨人允諾將《權利法案》與憲法同時通過，以確保公民權利不被侵害。這樣，反聯邦黨人接受了憲法，第一次黨爭結束了。

在反聯邦黨人從政壇消失之後，美國內閣是清一色的聯邦黨人，可是這並不能從根本上消除分歧。漢密爾頓是開國之初最堅定的強大中央政府的倡導者，他在擔任財政部長後，推行國家主義、重工主義和精英統治，極力將美國經濟引向資本主義。可是，在《獨立宣言》執筆人傑弗遜的心中，農業與美德有著天然的聯繫。他代表農業利益，反對強大的政府，認為管得最少的政府才是最好的政府。他雖然不相信人民能夠直接治理國家，但相信人民有能力選出代表他們利益的合適的人來治理國家。與漢密爾頓相比，傑弗遜接近民眾，接近民主。這場爭論的結果是傑弗遜回到了佛吉尼亞，組建了自己的黨派——民主共和黨，這是美國歷史上明確成立的第一個政黨。

1800年，傑弗遜在競選總統中勝出，政權在聯邦黨與民主共和黨之間和平轉移。有趣的是，在競選的關鍵時刻，是漢密爾頓為傑弗遜的當選做出了貢獻。此舉表明，兩黨的共識遠遠大於他們之間的分歧，這一點恰如傑弗遜在就職演說中所說：「我們都是共和黨人，我們都是聯邦黨人。」在傑弗遜八年的總統任期內，他也確實接受了許多聯邦黨人的大部分政策。可以說，傑弗遜在政治上矯正了漢密爾頓的精英統治，可在經濟上則使美國一直沿著漢密爾頓國家主義和重工主義的道路發展。由此可見，美國的兩黨歷來就有既鬥爭又合作，你中有我，我中有你的傳統。

1812年，聯邦黨因為在反英戰爭中持反戰立場而瓦解，民主共和黨有過短暫的「一黨獨大」時期，可是，到了1817年，安德魯・傑克遜帶領著自己的人馬從民主共和黨分裂出去，組建了民

主黨，餘下的民主共和黨則改成國家共和黨，後又改成輝格黨。民主黨更多地代表底層，而輝格黨則更多地代表上層，民主黨代表南方利益，而輝格黨則代表北方利益。此後，在南北內戰中，民主黨因支持奴隸制而遭受重創，輝格黨也適時淡出，北方成立新黨——共和黨。至此，形成了美國共和、民主兩黨相互競爭的格局定型，一直延續至今。

幾次黨爭不但沒有使美國政府土邦瓦解，而且還有效地整合了思想和政治資源：聯邦權與州權的衝突以聯邦的勝利而告終；南北衝突以奴隸制度被徹底埋葬、北方的勝利而結束；工商業與農業的矛盾以美國的工業化實踐而完結；精英與大眾之間的權力之爭以精英的徹底妥協而告終。美國為這些爭執付出過大大小小的代價，但有一點是足可欣慰的，那就是：所有爭執的解決最終都有利於自由主義思想的蓬勃發展。

三

在政治上廢除了奴隸制，在經濟上走上了工業化的道路，這使得美國的社會發展高歌猛進，至二十世紀初，它就已經躍為世界第一經濟強國。可是這並不意味著這個國家就不會出現危機，也不意味著它奉為立國之本的自由主義就不會再遇到更為嚴峻的挑戰。挑戰就在眼前。

在一個自由放任的社會裏，經濟上的兩極分化是必然的。社會能夠承受一定程度的分化，可如果分化過大就會出現危機。財富過度集中在少數人的手裏，可少數人的消費畢竟有限；大部分人沒有購買力，不足以刺激經濟發展。如此，就造成了產品積壓，最終導致了經濟大蕭條。

美國的經濟大蕭條出現在1929年，當時的總統胡佛近乎虔誠地信奉自由主義的執政理念，相信「管得最少的政府才是最好的

政府」，所以他始終不敢邁出國家大膽干預經濟這一步。在一個經濟大蕭條的時期，政府不敢干預經濟也就無力保障人民的基本福利，於是，人民對胡佛失望了，甚至對美國的政治體制也產生了動搖。這個時候，佛蘭克林・羅斯福出現了，他於危難之際大膽啟動新政，從而給美國的自由主義賦予了新的內涵。羅斯福總統在1933年3月至6月間敦促國會通過了十五個主要法律，其中包括銀行緊急法、經濟法、聯邦緊急救急法、農業調整法、緊急農場貸款法、田納西流域整治法、保險真實法、家宅貸款法、全國工業復興法、銀行法等。這些新政一方面開啟了政府干預經濟的職能，另一方面也開啟了福利主義的大門——政府要直接地對人民的基本生活保障負起責任。

在羅斯福新政之前，信奉自由主義的美國人並不認為政府應該對經濟危機承擔責任，也不認為政府應該負責人民的生活保障。在崇尚個人奮鬥的國度，個人對自己的成敗負責是天經地義的事。可是，在經濟大蕭條的時代，自由主義的原有理念捉襟見肘，無力應對。可以說，是羅斯福新政在擴大了政府職權的同時也豐富了自由主義的內涵。一個顯見的例子就是，羅斯福總統闡發的「四大自由」理論——言論自由、信仰自由、免於匱乏的自由、免於恐懼的自由——如今理所當然地成了自由主義的重要組成部分。

儘管新政在很多地方都突破了原有自由主義的理論底線，但是，羅斯福依然以自由主義者自稱，他說：「我們說文明是一棵樹，在成長的過程中會不停地產生朽木。激進派說：『把它砍了。』保守派說：『別碰它。』自由派妥協說：『讓我們來修剪它，這樣就既然不會損害老樹幹，也不會損失新樹杈。』

就這樣，羅斯福使自由主義從自由放任的古典階段過渡到國家有限干預的現代階段。當然，在這個過程中，自由主義的概念變得有些含混、複雜。好在美國人講究實用，不那麼教條。只要羅斯福能帶領國家走出經濟大蕭條的危機，人民就不會為捍衛所

謂的「意識形態」而去打倒他，相反，在1936年第二次競選總統時，他所到之處受到了「連他自己都感到過分」的熱烈的歡迎。

四

自由主義的力量不僅在於它能在非常時期培養出非常之人以採用非常手段帶領國家度過危機，比如羅斯福和他的新政，更在於它有著超強的寬容精神和試驗品格，允許各種不同的思想存在，甚至還允許他們把思想付諸實踐。這樣不但可以讓整個國家保持活力，而且也讓人民對各種政治思潮有切實的比較和選擇。這一點，非常突出地表現在美國社會對待烏托邦社會主義的態度上。

十九世紀初，美國的工業革命徹底地改變了原來以農業和小手工業為基礎的社會。工業化導致大批雇工出現，他們沒有土地，只能接受資本家的「剝削」，成為「工資奴隸」。與此同時，社會財富高度集中，貧富差距急速擴大。嚴重的社會問題促使很多有識之士反思資本主義制度的罪惡。在這種情況下，空想社會主義一度在美國很有市場。在內戰前的一段實踐裏，美國是一個烏托邦盛行的時代，正如愛默生所說：「每個讀書人的背心口袋裏都揣著一個理想社會的藍圖。」這些「理想社會的藍圖」當然與美國實行的資本主義制度格格不入。如果是在專制國度，這些「不同政見者」是不會有好果子吃的。可是，美國人不這麼幹，他們邀請這些人到美國來「試驗」。

1824年，著名的空想社會主義思想家羅伯特·歐文來到了美國，並受到了廣泛的歡迎。他花十五萬美元在印第安那買下三萬英畝的土地，改名為「新和諧」，開始建立他美好的公有制社會試驗。在「新和諧」裏，財產公有，決策民主，所有的人在店鋪裏各取所需。醫療和教育當然也是公費的，文化生活也搞得豐富

多彩。可惜好景不長,「新和諧」的內部就出了問題,大家對財產的使用爭吵不斷,生意虧本不說,還有人貪污。不到一年,歐文就被迫出售財產以維持生計,不到三年,「新和諧」就徹底失敗了。

歐文的藍圖失敗之後,傅立葉的「法郎吉」構想又吸引了美國人,於是又有美國人建立了三十四個「法郎吉」,當然最後也失敗了。類似的試驗一度層出不窮,可惜都失敗了。對此,愛默生發問:小範圍內尚不能實行,如何在大範圍內實行?此後,烏托邦思想在美國失去了市場。

在以後的歲月裏,由於受蘇聯社會主義革命的影響,美國歷史上還一度出現過「老左派」、「新左派」等激進思潮,甚至是親蘇組織。但是,奉行自由主義的美國社會具有超強的包容性,這些激進分子最終被「體制」吸納,彙入了主流社會。美國體制這種「化敵為友」的能力實在讓驚歎不已。寬容是自由主義帶給現代社會的一筆寶貴的思想財富,寬容雖然不等於價值中立,但是寬容確實能保證多元文化的存在與發展,而這恰恰是保持社會活力的重要因素。

閱讀錢滿素《美國自由主義的歷史變遷》一書,我最強烈的感觸就是:自由主義的身段是柔軟的,它能靈活地遷就時代和人性的變化;同時,自由主義的骨骼又是堅硬的,它核心的價值觀在紛繁複雜的歷史大潮的衝擊之下始終屹立。這就是自由主義呈現給我們的一種力量。我覺得,對於一種思想理論而言,最可貴的不在於這個理論為人類描繪了多麼美好的前途,也不在於理論本身能否在學理上自圓其說(符合上述兩個條件的理論實在是太多了),而在於這個理論能在多大的程度上與社會實踐形成良性的互動關係——它的核心理論能被實踐所確認,並反過來用於指導實踐。從這個意義上講,自由主義比各種烏托邦思想都優越。各種烏托邦思想以許諾人間天堂作誘餌,可在實踐中卻一次又一次地把人們帶到地獄。自由主義很少豪言壯語,甚至不給人們任何許諾,可是它卻在實踐中一步一步地讓人們找到尊嚴和幸福。

第八章

傳教士與煙臺蘋果

「煙臺蘋果萊陽梨」，煙臺蘋果享譽國內外，這一點很多人都知道。可是，能夠把煙臺蘋果與傳教士聯繫在一起，並能說清其中「因緣」的人，恐怕就沒有那麼多了。這也難怪，越是熟悉的事物，人們往往越是懶於刨根問底，探究它們的歷史淵源和文化背景。

其實，很多看似平常的事物，其背後往往隱藏著一段不平常的人文資訊和歷史故事。在這裏我就想給大家講一段美國傳教士與煙臺蘋果的故事。

這位美國傳教士的名字叫倪維思，他於1829年出生在美國紐約州。他的父親是一個大農場主，在倪維思出生剛十八個月就去世了。倪維思在祖父的家中度過了自己的童年，並受到了祖父的宗教影響。1848年，倪維思大學畢業，到喬治亞州的一所學校教書，兩年後，他考入普林斯頓神學院，決心當一名傳教士。在神學院學習期間，倪維思非常刻苦，取得了優異的成績。1853年，倪維思向美國長老會總部遞交申請書，要求派自己到中國傳教，長老會差會批准了他的請求。於是，他帶著剛剛新婚兩個月的妻子，啟程前往中國，在經過四個多月的海上航行之後，他於1854年2月抵達中國上海，隨後趕往寧波，開始了他在中國的傳教生涯。

1860年英法聯軍進攻北京，隨後，英、法、俄等國強迫清廷簽訂了《北京條約》，《北京條約》除了確認原來的《中英天津條約》仍然有效外，又增加了天津、山東登州等地為對外開放口岸，允許西方傳教士在這些開放口岸修建教堂，從事傳教活動。

得知這一消息後，倪維思非常興奮，他立即寫信回國，向長老會差會報告：「長江和華北若干地區現在正在向我們開放。我們應該看到，事實上全中國都已經向我們開放了。從條約方面來說，它是開門了，其餘的工作則要由我們傳教士自己來做。」於是，倪維思自告奮勇，於1861年來到了山東登州（即今天的蓬萊）。在登州，倪維思以觀音堂做教堂開始了傳教活動。之所以選擇觀音堂作為傳教場所，是因為倪維思的獨具慧眼。他發現，佛教建築的觀音廟並不是印度形式的建築，而是中國本土居室的傳統形式。正因為外來宗教得到了本土文化的認同，所以佛教才在中國得以傳播。他從這種現象中領悟到，基督教要在中國生根發芽，也必須像佛教一樣適應中國的本土環境。

在登州傳教期間，倪維思和夫人一起創辦了登州女子學堂，這是山東第一所女子學校，具有開教育先河的意義。傳教、辦學之餘，倪維思還到山東青州、濰縣、臨沂等地從事賑災活動，這些工作使得倪維思贏得了百姓的尊重，不少人由此加入了基督教。

1871年，倪維思又到了山東煙臺傳教，傳教之餘，他買下十餘畝的土地，用來進行果樹栽培。原來，倪維思年輕時學習過果樹栽培技術。來到山東後，他發現山東的氣候、土壤等與美國相似，而所產水果遠不如美國，於是就萌生了改良果樹的念頭。他將美國的蘋果移植到煙臺，以嫁接、育苗等方法培育，使之成為具有特別香味的新品種，結果，他栽培的蘋果樹異常成功，附近州縣的人民競相推廣，很快就成為農家重要的副業。這便是後來享譽國內外的「煙臺蘋果」。隨後，煙臺也因為這種蘋果而成了著名的水果之都。

最後需要說明的是，倪維思在中國傳教的時間長達四十年，他留下了很多著述，主要有《天路指南》、《神道總論》等。1893年，倪維思在煙臺去世。

作為傳教士，倪維思來中國的目的當然是為了「傳播上帝的福音」，讓古老的中國接受基督教。有趣的是，倪維思在中國山東辛辛苦苦傳教四十年，可基督教最終仍沒有被中國人廣泛接受，倒是他在傳教過程中所從事的副業——栽培出的煙臺蘋果——讓中國人受惠不少。今天，當人們吃著香噴噴的煙臺蘋果時，恐怕很少人會想到它與美國傳教士倪維思的這段因緣，甚至，倪維思這個人的名字也已被人們一天一天地淡忘，但是，煙臺蘋果的盛名和芳香卻永遠地流傳了下來。

這種現象看似十分弔詭，其實帶有著規律性。在中國近代史上，西方傳教士來中國傳教經常借助科技的手段，以傳播「西學」的面目傳播基督教，可最終的結果是，中國人接受了「西學」，而拒絕了西方的宗教。在傳教士眼裏，科技是宗教的婢女，傳播西方科技的目的就是為了讓中國接受西方宗教，可在中國人眼裏，「婢女」遠比「主人」受歡迎。這種現象在傳教士報刊身上體現得最為充分。

鴉片戰爭之後，「大清帝國」的國門被迫打開。1842年簽訂的《南京條約》開放了五處通商口岸，1844年簽訂的《中美望廈條約》和《中法黃埔條約》允許美國人和法國人在通商口岸設立教堂。突破「教禁」後，傳教士們並沒有立即辦報紙，而是忙於在各地建教堂、辦學校、開醫院。但是很快他們就發現，中國幅員廣大，方言紛雜，口頭傳播「成本極高」，而中國的文字是統一的，所以，只有利用報刊這一傳播手段，才能把「上帝的福音」傳到更遠的地方，傳給更多的人。於是，從十九世紀五十年代起，傳教士紛紛創辦報刊。據統計，到1890年，中國共有報刊七十六家，其中「十之六系教會報」。在這些報紙中，有名的有《遐邇貫珍》、《中外新報》、《六合叢談》、《中外新聞七日錄》、《中國教會新報》、《中西聞見錄》等。

傳教士來華的使命當然是傳播基督教，但是，傳教士出版的報刊，除了宗教之外，還登載新聞、天文、地理、科技知識等內

容。之所以出現這種傳教士報刊非宗教化的傾向，是有著深刻的社會原因的。當時，儘管傳教士可以憑藉炮艦神威和不平等條約進入中國，但他們卻無法單純地依賴武力將基督教移植到中國百姓心中。中國人歷來抱有「敬鬼神而遠之」的態度，心中壓根就沒有「上帝」這回事，即便是燒香拜佛，採取的也是「無事不燒香，臨時抱佛腳」的實用主義姿態。這跟英美等國「人人讀《聖經》，周周做禮拜」的習俗大相徑庭。

此外，傳教士是憑藉著不平等條約的庇護才得以在中國傳教的，洋教的傳播跟中國的戰敗緊密地聯繫在一起。中國人在內心深處對洋教是排斥的。各種因素集中在一起，使得基督教在中國的傳播十分困難。這困難大大地超過了傳教士最初的想像。當清廷允許傳教後，傳教士非常高興，說：「時候到了，現在是可以到中國的大街上，提高我們的嗓門大喊大叫的日子了。」然而實踐迅速地教育了他們。美國傳教士狄考文在山東傳教十餘年，收效甚微。他在寫給國內的信中說：「我們得花相當長的時間招攬聽眾。有一次，我花了好大的勁也沒有找到一個人聽講。……每到一個村子，我們的耳邊就充滿了『洋鬼子』的喊聲……我估計在近兩天至少從上萬人嘴中聽到這個詞。」有的傳教士認為，直接對中國民眾傳教就像把種子撒到水裏一樣徒勞無益。在直接傳教收效甚微的情況下，他們發現中國有重視文化教育的傳統。「中國人的最大特徵就是注重學問……他們的英雄人物不是武士，甚至也不是政治家，而是學者。」傳教士認識到，要在中國打開傳教局面，必須採取傳播知識的方式，以此「引出」並「抬高」基督教的地位。

傳教士對西學的傳播，恰好順應了中國「師夷長技以制夷」的思潮。於是，兩者一拍即合：中國人不但不反對，甚至還很歡迎外報介紹西學；傳教士看到中國人對西學的興趣如此濃厚，也自以為得計，認為這是他們「以學輔教」策略的初步勝利，以為用不了多久，中國人就可以從西學轉到「西教」上來。在他們看

來，中國一旦效仿西方進行改革，實行新政，就會產生一種親西方的態度，而這有利於基督教在中國的傳播。同時，他們在鼓吹變法時也一直強調，西教、西學、西政是三位一體的，西教是西學、西政的根本，中國要「採西學」、「行西政」，就必須「從西教」。

但是，中國的維新人士並不接受傳教士的宗教宣傳，他們不相信基督教為西學的根本。即便承認宗教的作用，康有為、梁啟超等維新派要在中國弘揚的也是「孔教」，而非基督教。

在接受了西學之後，中國這頭睡獅逐漸蘇醒了，維新人士以啟蒙者的姿態出現在中國的政治和思想文化舞臺上。這時，他們毫不猶豫地批評了傳教士關於西學、西政、西教三位一體的「謬說」，認為中國「政可變，學可變，而教不可變。」「強其國而四百兆黃種不懼為奴，保其教而三千年素王無憂墜地，是在善變，是在善不變。」所以，就傳播西學而言，傳教士報刊在中國是成功的；可就傳播基督教本身而言，它又是失敗的。它的成功在策略上，它的失敗在目的上。傳教士報刊的悖論就在於：它喚醒了中國人的思想，可是醒過來的中國人並沒有投入到基督教的懷抱。

這其實是「助產婆」的悲劇。「助產」成功之時便是新生兒不再依賴「助產婆」之日。不論「助產婆」如何辛勞，都無法取代母親在嬰兒心中的地位──嬰兒曾經與母親血肉相連，以後還要喝著母親的乳汁長大，成人後最想報答的也是自己的母親，而非「助產婆」。這一點，恰如今天的人們吃著煙臺蘋果而忘記基督教和當年的傳教士倪維思一樣。

國家圖書館出版品預行編目

故紙眉批：一個傳媒人的讀史心得 / 鄭連根著
. -- 一版. -- 臺北市：秀威資訊科技,
2009.03
　　面； 公分. -- (史地傳記類；PC0078)
BOD版
ISBN 978-986-221-190-8 (平裝)

1.中國史　2.文集

620.7　　　　　　　　　　　　　　98003721

史地傳記類　PC0078

故紙眉批 —— 一個傳媒人的讀史心得

作　　　者 / 鄭連根
主　　　編 / 蔡登山
發　行　人 / 宋政坤
執 行 編 輯 / 黃姣潔
圖 文 排 版 / 鄭維心
封 面 設 計 / 蕭玉蘋
數 位 轉 譯 / 徐真玉　沈裕閔
圖 書 銷 售 / 林怡君
法 律 顧 問 / 毛國樑　律師
出 版 印 製 / 秀威資訊科技股份有限公司
　　　　　　台北市內湖區瑞光路583巷25號1樓
　　　　　　電話：02-2657-9211　傳真：02-2657-9106
　　　　　　E-mail：service@shovwe.com.tw
經　　　銷　商 / 紅螞蟻圖書有限公司
　　　　　　台北市內湖區舊宗路二段121巷28、32號4樓
　　　　　　電話：02-2795-3656　傳真：02-2795-4100
　　　　　　http://www.e-redant.com

2009 年 3 月　BOD 一版
定價：330 元

讀 者 回 函 卡

感謝您購買本書,為提升服務品質,煩請填寫以下問卷,收到您的寶貴意見後,我們會仔細收藏記錄並回贈紀念品,謝謝!

1.您購買的書名:＿＿＿＿＿＿＿＿＿＿＿＿＿＿＿＿＿＿

2.您從何得知本書的消息?

　　□網路書店　　□部落格　　□資料庫搜尋　　□書訊　　□電子報　　□書店

　　□平面媒體　　□ 朋友推薦　　□網站推薦　□其他＿＿＿＿＿＿＿

3.您對本書的評價:(請填代號　1.非常滿意 2.滿意 3.尚可 4.再改進)

　　封面設計＿＿　　版面編排＿＿　　內容＿＿　　文/譯筆＿＿　　價格＿＿

4.讀完書後您覺得:

　　□很有收獲　　□有收獲　　□收獲不多　　□沒收獲

5.您會推薦本書給朋友嗎?

　　□會　　□不會,為什麼?＿＿＿＿＿＿＿＿＿＿＿＿＿＿＿＿＿＿

6.其他寶貴的意見:＿＿＿＿＿＿＿＿＿＿＿＿＿＿＿＿＿＿＿＿＿

＿＿＿＿＿＿＿＿＿＿＿＿＿＿＿＿＿＿＿＿＿＿＿＿＿＿＿＿＿＿

＿＿＿＿＿＿＿＿＿＿＿＿＿＿＿＿＿＿＿＿＿＿＿＿＿＿＿＿＿＿

＿＿＿＿＿＿＿＿＿＿＿＿＿＿＿＿＿＿＿＿＿＿＿＿＿＿＿＿＿＿

讀者基本資料

姓名:＿＿＿＿＿＿＿＿＿＿＿　年齡:＿＿＿＿　性別:□女 □男

聯絡電話:＿＿＿＿＿＿＿＿＿　E-mail:＿＿＿＿＿＿＿＿＿＿＿

地址:＿＿＿＿＿＿＿＿＿＿＿＿＿＿＿＿＿＿＿＿＿＿＿＿＿＿＿

學歷:□高中(含)以下　　□高中　　□專科學校　　□大學

　　　□研究所(含)以上 □其他＿＿＿＿＿＿＿＿

職業:□製造業 □金融業 □資訊業 □軍警 □傳播業 □自由業

　　　□服務業 □公務員 □教職　　□學生 □其他＿＿＿＿＿＿＿

To：114

台北市內湖區瑞光路 583 巷 25 號 1 樓

秀威資訊科技股份有限公司　　　收

寄件人姓名：

寄件人地址：□□□

(請沿線對摺寄回,謝謝!)

秀威與 BOD

BOD（Books On Demand）是數位出版的大趨勢，秀威資訊率先運用 POD 數位印刷設備來生產書籍，並提供作者全程數位出版服務，致使書籍產銷零庫存，知識傳承不絕版，目前已開闢以下書系：

一、BOD 學術著作—專業論述的閱讀延伸
二、BOD 個人著作—分享生命的心路歷程
三、BOD 旅遊著作—個人深度旅遊文學創作
四、BOD 大陸學者—大陸專業學者學術出版
五、POD 獨家經銷—數位產製的代發行書籍

BOD 秀威網路書店：www.showwe.com.tw
政府出版品網路書店：www.govbooks.com.tw

永不絕版的故事·自己寫·永不休止的音符·自己唱